Rose Reusch

Griechische Inselreise

Verlag Ch. Möllmann

Rose Reusch

Griechische Inselreise

Land und Leute auf
Skyros – Mykonos – Santorin – Naxos – Amorgos –
Kos – Astypaläa und Samothrake.

Eine Nacht auf dem Ätna

Verlag Ch. Möllmann

Die Deutsche Bibliothek – CIP-Einheitsaufnahme

Reusch, Rose:
Griechische Inselreise : Land und Leute auf
Skyros – Mykonos – Santorin – Naxos – Amorgos – Kos – Astypaläa
und Samothrake. Eine Nacht auf dem Ätna. Rose Reusch.
- 2. Aufl. - Schloß Hamborn : Möllmann, 2000
ISBN 3-931156-43-5

Umschlaggestaltung unter Verwendung eines
Bildes von Angelika Gausmann

Zweite Auflage 2000

Alle Rechte vorbehalten
Copyright © by
Verlag Ch. Möllmann
Schloß Hamborn 94, 33178 Borchen
Textverarbeitung: Publizistische Dienstleistungen
Tel.: 0 52 51 / 2 72 80
Fax: 0 52 51 / 2 72 56
http://www.chmoellmann.de
Herstellung: Bonifatius GmbH, Paderborn (Inhalt),
Druckerei Möhring & Droll, Altenbeken (Umschlag),
Buchbinderei Kloidt, Paderborn

ISBN 3-931156-43-5

29. 9. 1984
Meine lieben Freunde!
Die Sonne ist wieder gekommen! Heute nacht sah ich Sterne und in der Frühe ein zartes Morgenrot. Später, als ich schon auf war, brachen plötzlich tausend Strahlen durch das Rosengebüsch, der Himmel war blau und, o Wunder, es war warm, angenehm warm, wie ein laues Bad.
Da bekam ich endlich Lust und Elan von meiner dreimonatigen Reise nach Griechenland zu erzählen, denn wie soll man „die Küsten des Lichts" schildern in diesem Selbstmörderwetter, das wir wochenlang hatten? Man konnte sich Griechenland gar nicht mehr vorstellen. Also, um gleich in medias res zu gehen, an Weihnachten 1982 war ich von meiner dreimonatigen spanischen Reise heimgekehrt. Ich dachte nicht so schnell wieder an eine ausgedehnte Reise. Aber es kam ganz anders. Es muß da ein leuchtendes Gestirn über mir aufgegangen sein, denn ich fiel buchstäblich von einer Reise in die andere. Dabei hatte ich von allem vorher keine Ahnung. Zur Zeit habe ich mich übrigens richtig angesiedelt, sonst wäre ich auch schon wieder fort. Weihnachten 1982 und die anschließenden Wochen verbrachte ich zu Hause. Es fiel mir nicht schwer, denn eigentlich bin ich genau so gerne zu Hause wie fort. Dazu kommt, daß ich im Winter, wenn ich zu Hause bin, auf die Eisbahn gehen kann, und dieses große und wenig anstrengende Vergnügen kann ich nur jedem empfehlen. Ende Februar reizte es mich dann, wieder einmal die sehr originelle und urtümliche Basler Fasnet anzusehen mit ihrem großartigen Morgestreich, wo nachts um vier Uhr plötzlich alle Lichter erlöschen, um aus diesem Blackout heraus Sekunden später mit Pauken und Trompeten und Pfeifen schlagartig in eine tiefernst genommene dreitägige Gaudi auszubrechen. Es ist herrlich, wenn man nach diesem regen Treiben um sechs Uhr, sieben Uhr ganz durchgefroren in eine warme Kneipe zu Mehlsuppe und Zwiebelkuchen flüchtet, während draußen die alten vertrauten Masken umherziehen, oft in Gruppen, oft auch ganz einzeln. Sie gehen in ganz langsamen abgemessenen, feierlichen Schritten, aus denen sie sich niemals aufstöbern lassen. Nun, schon dort in der Schweiz reiste ich nach der Fasnet, d. h. gleich am Nachmittag des ersten Tages, noch ein wenig los mit meinem Seniorenpaß und Jugendherbergsausweis, ja und bald hatte ich die halbe Schweiz gesehen von Zermatt über Pontresina bis Tirano! Ich schrieb ein Tagebuch von meinen Eindrücken, denn ich dachte, es wird für lange Zeit die letzte Reise sein. Auch habe ich ja auf allen meinen Reisen das ständig mah-

nende Pflichtgefühl, daß ich heim müsse, auch wenn zu Hause gar niemand ist, der auf mich wartet. Ich glaube, es kommt von meiner Kindheit, wo ich streng gehalten war, von der Schule sofort nach Hause zu kommen, und auch sonst bei vielen Anlässen, man mußte eben immer heim. So gehöre ich zu dieser Sorte von Menschen, die zeitlebens Angst haben, sie bekommen Prügel, wenn sie nicht rechtzeitig zu Hause sind. Vielleicht käme ich auch sonst überhaupt nicht mehr zurück und bliebe ganz zerstreut in dieser Welt, auf diesem doch trotz allem Jammer und Elend so wunderschönen blauen Planeten.

Jedenfalls, Ostern 1983 verbrachte ich hier in Haus und Garten. Diese Zeiten daheim nütze ich dann auch immer für Thermalbäder, Massagen oder Fangopackung, die mir meine gute Esslinger AOK auch immer gewährt hat samt Fahrgeldern. Ich heile dabei sozusagen die Wunden und Blessuren meiner Reisen wieder aus. So war es auch im Frühling 1983. Ich bereitete mich auf einen ruhigen Sommer vor. Da ereigneten sich plötzlich drei Dinge, die eine Reisewelle bei mir auslösten, die in immer neue Wellen überging und mich erst 14 Monate später wieder hier an Land spülten! – Die drei Punkte waren: Erstens rief der Sohn Klaus meiner Nachbarin Ella jeden zweiten Tag aus Athen an und berichtete, wie warm und schön es dort sei. Zweitens las ich ganz zufällig in der Zeitung, Ostern 1983 werde in Griechenland erst am achten Mai gefeiert. „Da ist es doch schon wundervoll warm", dachte ich und ich könnte endlich wieder einmal griechische Ostern feiern, wenn ich nur wüßte, wie ich das Fahrgeld aufbringen könnte?! Drittens, drei Tage später las ich eine weitere Zeitungsnotiz, daß ab 1. 5. 1983 eine Seniorenkarte mit 50% Ermäßigung für ganz Europa herauskomme! Als dann auch noch Heinz und Ella nach Athen fuhren, war's auch um mich geschehen.

Ich richtete mein Gepäck – so wenig wie möglich – in meine fahrbare Tasche, für 2-3 Wochen zusammen. Am 2. Mai begleiteten mich meine zwei Ursulafreundinnen auf den Bahnhof nach Plochingen. Ich war die erste Person die eine solche Rail Europ Seniorenkarte verlangte.

Am Fahrkartenschalter in Plochingen mit einer hübschen Ursula links und rechts von mir. Sie wären am liebsten mitgefahren und ich hätte sie auch rasend gerne mitgenommen. Aber erst einmal eine Fahrkarte haben! Das Fräulein am Schalter fingerte an dem neuen Computer herum, der eigens für diese neu eingeführten Karten eingetroffen war. Es war inzwischen 16.13 Uhr – um 16 Uhr waren wir gekommen und 16.20

würde der Hellas-Express einrasen – er mußte inzwischen bereits zwischen Mettingen und Altbach sein. Das Fräulein kannte sich absolut nicht aus. Sie wurde immer nervöser und ich ging fast in die Luft. Eigentlich wäre es doch auch egal gewesen, wen ich einen Tag später hätte fahren müssen. Aber so etwas fällt einem in solchen Momenten dann absolut nicht ein. Der ganze Mensch konzentriert sich auf diese eine einzige Minute 16.20! Es war ein furchtbarer Streß für das Fräulein und uns drei. 16.15 raste sie ans Telefon und wählte wie wild eine Nummer. Dann gleich hintereinander zwei, drei andere. „Wie bitte?" „Nochmals bitte ... wiederholen! ..." „Wo? Ach, so oben. Moment mal ja gleich. Bitte bleiben sie dran, bitte, der Zug kommt gleich, der Schalter ist ganz voll ..." Zum Glück reichte das Telefonkabel bis zum Computer. Intensiv horchend, glitten gleichzeitig die Finger ihrer rechten Hand über das neue, noch jungfräuliche Unikum. 16.17 Uhr. Wir konnten einfach nicht mehr, wir fingen blöde an zu lachen, dann streckten wir wieder die Hälse Richtung Bahnsteig. 16.19 Uhr. Die Fahrkarte sauste rasselnd aus dem Apparat.

Endlich kam auch der Preis, den sie vorher nicht sagen konnte. Die Ursulas rasten mit meinem Gepäck zum Bahnsteig sieben, um eventuell den Zug aufzuhalten bis ich nachkäme. 16.20 Uhr; wir standen alle drei auf dem Bahnsteig sieben. Nur wir drei, keine anderen Fahrgäste und kein Zug. So konnten wir uns noch herrlich verabschieden. Der Himmel war tiefblau, die Sonne beleuchtete den Schurwald neben uns in so lieblicher Art, daß ich überhaupt nicht mehr wußte, warum ich abreisen sollte.

Endlich kam der Zug. „Also, schöne Ostern", riefen beide Ursulas zugleich, als ich mich aufs Trittbrett schwang. 16. 30 endlich fuhr der Zug ab und ich war drin! Ein ungeheurer Sieg. Sieg? wird mancher fragen. Ja, wirklich Sieg, denn auf den Entschluß, eine Reise zu machen, folgt nach der ausgekosteten Vorfreude bei mir regelmäßig noch ein Endkampf. Plötzlich steigen mir vielerlei Zweifel auf, ob es auch richtig ist zu gehen, ich habe Stimmungen, so eine Art Heimweh im Voraus, kurz, ich möchte am liebsten daheim bleiben. Dabei bin ich schon mitten in den Vorbereitungen, trotzdem es fällt mir denkbar schwer, mich loszureißen, deshalb ist es ein herrlicher Augenblick, wenn der Schaffner pfeift oder gar das Flugzeug startet. Es ist so weit! Ich fahre los! Es geht nach Griechenland. Ich bin wirklich im Zug. Ja und darin muß ich nun erst einmal vierzig Stunden bleiben! Ich fahre sehr gern Zug, das ist das

Gute. Es kann mir nicht lange und weit genug gehen. Die Passivität, dieses Ausruhen, dieses Nachdenkenkönnen, während draußen die Welt in steter Abwechslung vorübergleitet. Allerdings sind die modernen Züge für mich zu schnell, so rasch kann ich gar nicht schauen wie sie fahren. Ja es ist ein richtiges Gehudel, kann ich sagen, was da an mir vorbeirast. Aber die Augen schließen und die Vergangenheit an mir vorbeiziehn lassen, kann ich ja noch. Zwölf Jahre habe ich meine einstige Wahlheimat nicht mehr gesehen, Griechenland. Das war einmal undenkbar als ich im Jahr 1971 mein auf der Insel Astypalaia gemietetes Haus verließ. Oh, ich sollte es nicht mehr betreten. Im Jahr 1977 wurde es abgerissen und neu aufgebaut.

Von 1969-71 hatte ich darin gelebt, d. h. es war mein Standquartier und ich hatte von dort aus zweiunddreißig andere Inseln besucht. Und nun zurück auf die Strecke Plochingen – Athen eine ungeheure Erwartung erfüllte mich! Ich hatte vor, nur im Norden zu bleiben – ich wollte sparen auf eine andere Reise, für Kanada. All das, was ich dort in Griechenland einmal erlebt, erwandert, erschrieben hatte, konnte ich ja sowieso nie, nie mehr wiederholen. Aber doch, das Meer, den Himmel, die Sprache und Gebräuche, sie gab es doch im ganzen Land noch, sie machten das Land ja aus! Dazu der Homer, den ich in meiner Tasche hatte – die alten tausendfältigen Geschichten, die das griechische Volk einst geprägt und geeint hatten! Ich würde mich einfach auf einen armen Stein am Meer setzen und sie lesen – als wär's heute. Wunderbar!

Endlich Thessaloniki! Fünf Uhr morgens. Es ist fast noch dunkel. Ich muß mich erst einmal wie viele Unterschiedliche im Bahnhof hinsetzen, und warten. Warten, das habe ich auf den Inseln gelernt. Eine Stunde ist gar nichts. Tagelang mußten wir manchmal auf das einzige Schiff, das in der Woche kam, warten und warten. Warten wurde zum Inhalt des Daseins und erfüllte sich auch mit Leben. Oh, allein schon dieses Gewusel im Hafen oder wenn wir erlebten, wie die Gestirne stiegen, sanken und von neuem heraufzogen. Bis das Schiff endlich kam, hatte die Abendröte und wieder die Morgenröte wundervolle Farben ins Meer gezaubert und es hatte immer wieder anders gerauscht ... Thessaloniki sechs Uhr morgens. Ich lasse mein Gepäck im Bahnhof und eile die alten Straßen hinab ans Meer.

Ja, ich eile so schnell mich meine Füße tragen dem Meer zu. Dem griechischen Meer! Ich kann es kaum erwarten bis ich es wiedersehe, bis ich es höre, rieche, berühre! Es ist ein großer Augenblick, aber ich komme nicht vorwärts. Ist das Meer denn nicht ganz nah? Ich kenne die Straßen nicht mehr. Wo früher Häuser waren sind leere Plätze und umgekehrt. Hohe Bretterverschläge nehmen mir die Sicht. Ich werde müde von all dem Pflaster nach zwei Nächten im Zug. Endlich taucht ein Mann auf, den ich fragen kann. Er meint: „Doch, doch, Sie sind richtig. Halten Sie sich links. Es sind etwa noch zehn Minuten." Noch zehn Minuten! Endlich bin ich dort. Es ist zwar nicht die richtige Stelle; Schiffe, Frachter liegen in einem Industriehafen, das Meer bewegt sich ganz träge, grau und schmutzig. Der Himmel ist diesig. Gleichgültig blickt mich alles an. Ich gehe weiter und werde traurig. Statt eines aufrauschenden Jubels legt sich's mir schwer auf die Schultern. Aber ich weiß, ich muß nur durchhalten bis ich zur Promenade komme, dort ist es schön. Aber es wird nicht viel anders. Schließlich sehe ich den Olymp! Was hatte ich nur für eine rasende Freude, als ich ihn zum ersten Mal entdeckte. Heute steckt sein schneeiges Haupt in Nebeldunst – nichtssagend blickt er mich an. Vor mir dehnt sich Meer. Links und rechts davon und weit, weit im Süden liegt nun mein Griechenland. Aber ich kann nicht glücklich werden. Zu lange ist alles her. Es war eine andere Welt. Warum habe ich nicht alle Geschichten aufgeschrieben, die mir damals in meinen Gedanken geschenkt wurden? Warum nur nicht? Und all die Manuskripte, die ich wirklich geschrieben habe, sie liegen tief vergraben in einem alten Haus. Ich werde sie kaum noch finden.

Das ist es. Das ist meine Trauer. Mein eigenes Versagen. So dachte ich also dort bei meiner Ankunft in Thessaloniki. Heute rückblickend weiß ich, daß es zwar sehr ehrlich und auch richtig war, jedoch zu egozentrisch auf die eigene Person gerichtet. Denn die kommenden Wochen zeigten mir das touristisch-industrialisierte Griechenland, über das man wirklich Tränen vergießen kann. Viel mehr warteten noch ganz andere schwere Enttäuschungen auf mich. Ich will sie jetzt schon vorwegnehmen: es waren die schweren Schicksale einer Reihe von Freunden und lieb gewordenen Menschen mit denen ich konfrontiert wurde. Auf Skyros waren mehrere viel zu früh gestorben. Sie hatten ein härteres Leben, als wir es heute gemeinhin haben, und dadurch einen früheren Tod. „Karlos war doch so ein wundervoller Mensch, du weißt es ja" sagte die Witwe Paraschevi zu mir, „und doch hat er einfach sterben müssen." Er hatte an den Museen gearbeitet. Seine Frau und seine Tochter konnten es nicht fassen, daß er sie verlassen hatte, gerade jetzt, wo sie das Rentneralter auf ihrer Heimatinsel hätten genießen können. Das worauf sie sich ein Leben lang gefreut hatten. Sie haben noch eine andere Art Trauer, als man sie heute findet.

So wie in meiner Kindheit. Das Schicksal war mächtiger, größer, schwerer und das Lebensgefühl tiefer. Auch mein alter Freund Manoli war dahingegangen. Er hatte mir vor fünfzehn Jahren den Wohnwagen, den er für eine Engländerin betreute, zur Verfügung gestellt. Er zeigte mir das wunderschöne alte Dorf Skyros – es war eine herrliche Zeit. Nun war er also tot. Auf der Insel Mykonos hatte es verheerende Schicksale gegeben. Es dauerte ganze drei Wochen bis ich mich in Griechenland wieder zurechtfand.

Zuerst mußte ich mir nun aber in Thessaloniki ein Zimmer suchen. Ich fand ein kleines Hotel neben dem Aristotelesplatz. Es war auffallend preiswert, denn die Touristen waren infolge schlechten Wetters in Griechenland, Anfang Mai, noch weitgehend ausgeblieben. Meine Stimmung wurde dadurch nicht besser, allmählich mußte ich einsehen, daß ich tief niedergeschlagen war, vielleicht eine richtige Depression hatte. Ich suchte ein Reisebüro, um zu fragen, wo in der Nähe die schönsten griechisch-orthodoxen Ostern gefeiert würden. Außerdem wie ich Samothrake erreichen könne. Samothrake eine Art Trauminsel für mich, auf der ich noch nicht war. Es ergaben sich Probleme. Irgendwie war ich unbequem. Das Fräulein gab sich alle Mühe, aber sie war auf ganz andere Fragen eingestellt. „Ja dann ..." sagte ich und in diesem Augenblick legte sich von hinten eine Hand auf meine Schulter: „Kommen Sie, ich glaube ich kann Ihnen helfen. Gehen wir doch in ein Café, wo's nicht so teuer ist, und unterhalten uns ein wenig." Ich wendete mich um, ein junges deutsches Weibsbild stand vor mir in einem bequemen lila Reisekleid. Die Journalistin und Schriftstellerin Elke aus Köln. Wir machten es uns irgendwo an der Seepromenade bequem. Als Reiseschriftstellerin kannte sie das moderne Griechenland in- und auswendig und beriet mich. Ich sprach zu ihr von meiner Depression. Sie lachte und sagte: „Ich habe schon ein Buch geschrieben." „O kommen Sie doch mit mir auf meine Insel und wir sagen, daß wir es zusammen geschrieben haben, das bringt mich aus einiger Verlegenheit." Wir kamen in die beste Laune. Ich fühlte mich vollkommen befreit und war voll neuer Ideen. Die Sonne begann zu leuchten, das Meer wurde wieder blau, weit drüben auf dem Olymp bewegten sich Nebelschleier wie mythische Gestalten. Wie ich Elke beneidete! Sie konnte bis Mitte Juni bleiben, was waren daneben meine zwei Wochen? Wir schieden in großer Herzlichkeit. Ich war wieder gesund. Ja, Griechenland hatte mich nun doch ganz griechisch empfangen. In Elkes Gestalt war mir die Göttin Athene begegnet. Während sie hinter mich trat, hatte sie mir, wie weiland einst dem Odysseus, die Hand auf die Schulter gelegt, um mir Lebensmut einzuflößen. Als ich nach drei Monaten wieder auf dem Aristotelesplatz stand, war kaum noch ein Rüchlein, der längst nach Köln entwichenen Elke zu spüren. Ich aber hatte ein paar hübsche Inselgeschichten und Gedichte in der Tasche, die ich inzwischen geschrieben hatte.

1. 10. 1984
Wieder gab es heute ein süßes Morgenrot. Ich machte um sechs Uhr meine Morgenübung im Garten. Dort hinter dem Gebüsch würde sie bald emporkommen meine Helferin, die Sonne! Phöbus Apollo. Inzwischen ist sie da – alle Frühwolken haben sich verzogen, es ist ein wundervoller Schurwald, heute an diesem Herbsttag. Nur leider setzte Punkt acht Uhr ein fürchterlicher Motorenlärm hier in unser ruhigen Ecke ein. Ich muß eben dagegen anschreiben! Auf jeden Fall beginnen wir heute endlich die Inselreise. Aber so ist es eben in der Realität, man muß erst mal wissen wo man hin will. Ich wußte es nicht so recht, ich wußte nur Ostern. Meine Athene hatte mir von Samothrake vorgeschwärmt, aber dann hatten wir nicht gewußt, ob man dort so früh im Jahr überhaupt schon empfangsbereit war für Touristen, und irgendwo muß man ja schließlich schlafen! Auch wäre es zeitlich schon zu spät gewesen, denn auf welchen Umwegen man auf das herrliche, verschwiegen schöne Samothrake kommt, das stellte ich ja drei Monate später erst fest.

Wenn keiner weiß, gehe ich nach **Skyros** sagte ich mir lakonisch, da weiß ich, was ich habe. Ja, das wußte ich, trotzdem hätte ich lieber auf das nahe Ägina gehen sollen, dort wird Ostern mit Gesang und Tanz und alten Bräuchen gefeiert. Auf Skyros gab es vor allem nur eine fürchterliche Knallerei, wie bei uns in der Sylvesternacht, dabei viel gefährlicher, weil man in den engen, steilen Gässchen zwischen den verschlossenen Häusern nicht in Deckung gehen kann – wenigstens sagte ich mir das, als ich am Samstagmittag alle die Patronen wickelnden jungen Leute sah. So blieb ich in der Osternacht, derentwegen ich einige tausend Kilometer hergereist war, einfach im Bett!! Dort schlief ich dann so fest, daß ich gar nichts merkte und ich kann mit ehrlichem

Gewissen sagen: von der Osternacht, die ich fünfzehn Jahre vorher in Arachova im Parnassos so großartig erlebt hatte, habe ich nichts gehört und gesehen. Allerdings herrschte zu jener Zeit, als ich damals einen Winter in Delphi verbrachte, die Junta, und diese hatte jede Schießerei strengsten untersagt. So hat zwar mir damals die Osternacht wunderbar gefallen, weniger aber wahrscheinlich den Griechen. Jedenfalls erfuhr ich nun auf Skyros, daß dort Ostern nicht so wichtig ist, daß es dagegen eine ganz tolle Apokries, d. h. Fastnacht gibt. Da Ziegenhaltung die Lebensgrundlage auf den Inseln bildet (wenigstens vor dem Tourismus, früher), verkleiden sich die Skyroten an Fastnacht in Ziegen und Ziegenböcke und führen einen alten berühmten Ziegentanz auf. Natürlich sagte ich gleich: O, da komme ich einmal. Aber sie meinten: Lieber nicht. Es ist furchtbar kalt um diese Zeit, ja es kann sogar schneien! Und wie es mit den Heizungen in den Häusern aussieht, das weiß ja nur der, der schon im Winter in Griechenland war. In Nordnorwegen bei 30 Grad Kälte ist es wesentlich angenehmer als im sonnigen Süden. Immerhin möchte ich aber doch einmal diesen Tanz sehen. Das ist vielleicht auch möglich. Nach einigen Tagen lernte ich nämlich eine junge Athenerin kennen, die Heimatfilme dreht. Darunter ist auch eine Hochzeit auf Skyros und die Apokries mit ihren tollen Ziegentanz, wo die Tänzer richtige Ziegenmasken mit Hörnern und Bärten aufsetzen. Außerdem zeigt der Film die herrliche Landschaft.

Nachdem ich bereits früher zweimal auf Skyros gewesen war, nahm ich nun langsam von allem wieder Besitz. Das winzige Zimmer, das ich mieten konnte, hatte gerade Platz für ein großes Lotterbett, einen Kamin, der aber nicht mehr geheizt wurde, obwohl es abends und nachts noch sehr kalt war. Das Klohäuschen war, wie oft in Griechenland, auf dem Hof. Nur daß hier der Hof einfach die steile Straße war, die am Haus vorbeiführte. Meine Zimmertür führte über zwei Stufen direkt dorthin, ich mußte noch zwanzig Meter die Straße emporgehen und fand dann links eine lotterige Tür, die direkt in die Toilette ging und die, oh Wunder, sogar Wasserspülung hatte. Dort war dann auch meine Wasch- ja Duschgelegenheit! Da ich dazu noch ein Wasserglas verlangt hatte, war die Frau böse mit mir. Sie sagte, das seien zu große Ansprüche, bei dem Preis, den sie verlange. Der Kamin war übrigens aus Marmor und hatte ein Gesims. Dort stand eine riesige Schale, bis zum Rand voll mit Zigarettenasche und Kippen. Es war nämlich das Zimmer des Sohns, der nun Student in Athen, vor kurzem noch hier gehaust hatte. Unter dem

Bett lagen allerhand leere Flaschen zwischen Teilen von zerrissenen Schulbüchern. Obenhin hatte aber die Frau alles säuberlich aufgeräumt. Ja, am Ostermorgen brachte sie mir sogar ein Osterei und ein Stückchen Lammbraten. Schreiben konnte ich in dem Zimmer nichts, dazu war es zu kalt. Verdammt noch mal, war ich denn nicht in Griechenland? Ab Mai war es doch immer endgültig warm gewesen! Ja, erzählten mir die Leute, es war auch schon warm, sehen Sie nicht, wie herrlich die Blumen blühn? Anfang April hat sich schon alles entfaltet und jetzt ist es wieder kalt geworden.

Wie konntest du denn mit den Leuten sprechen? werde ich oft gefragt. Tja, als ich in Plochingen abfuhr, wußte ich wirklich nur noch das Wort Bahnhof = stathmos, (man hat ja ein richtiges th = tietsch in der griechischen Sprache), nicht weil am Plochinger Bahnhof die Sache mit der Fahrkarte war. Nein, weil mich vor fast zwanzig Jahren eine der beiden Ursulas, dieses Wort als mein erstes gelehrt hatte. Sie war nämlich so ein griechisches Gastarbeiterkind aus der Nachbarschaft, das ich mir vor meiner ersten Griechenlandreise herholte und sie unterrichtete mich mit ihren acht Jahren in ihrer Muttersprache. Es ist eine sehr liebe Erinnerung. Griechisch ist ja wie deutsch eine sehr schwere Sprache. In den zwölf Jahren meiner Abwesenheit hatte ich sie ganz vergessen, mir fiel nämlich außer Bahnhof wirklich nichts mehr ein. Doch o Wunder, ich betrat den griechischen Boden und konnte wieder sprechen! In Griechenland spricht ja außer ein paar Gastarbeitern kein Mensch deutsch. Trotzdem, als ich eines abends über meine kleine Staffel auf die Straße hinaustrat, vergaß ich alles und rief in deutsch:

„Ist das ein schöner Strauß!" Ich bekam eine deutsche Antwort: „Ja, er ist aus meinem eigenen Garten." So lernte ich Anastasia kennen. Ach, man könnte ein ganzes Buch über sie schreiben. Sie war so Ende der fünfziger Jahre und trug eine Krone goldener Flechten um ihren schönen Kopf. Blaue Augen schauten mich an. Sie war auch ganz Dame. Wie man so sagt, einfach eine wundervolle Frau. Eine Griechin aus Athen, die einst auf die Insel hierher geheiratet hatte. Nun ist sie Witwe. „Die Blumen sind für die Kirche", sagte sie, für mich ganz unerwartet, in deutscher Sprache. „Aber besuchen Sie mich doch übermorgen, wenn sie wollen." Dabei wies sie auf eines der kubischen Häuser, das sich an den Felsen über uns klammerte. An seiner Spitze hing er fast über, so steil ist er. Kommen Sie zeitig um zehn Uhr, dann zeige ich Ihnen meinen Garten." Wie ich etwas fragend in das Häusergewirr blickte, sagte sie, „fragen Sie einfach nach Anastasia. Mich kennt hier jedes Kind." Und fort war sie.

Die engen Gassen mit ihrem Auf und Ab, den Arkaden, Felsdurchgängen und Steintreppen, verschluckten das ganze österliche Gewimmel. War eigentlich ganz Athen zu Ostern nach Skyros gekommen? Ich glaube, ich war der einzige angereiste Ausländer und doch waren alle Quartiere voll. Es gibt ja auch, Gott sei Dank, keine Hotels hier, außer dem Xenia, dem staatlichen Touristenhotel, das sich fast unsichtbar an die Küste schmiegt.

Das schönste waren wieder die Spaziergänge. Ja, weite Wanderungen kann man auf dem welligen Gelände von Skyros machen. Es ist nicht so ausgebrannt wie die meisten Inseln. Es gibt grüne Wiesentäler, murmelnde Bäche, Kiefernwälder, in denen man stundenlang zur jenseitigen Küste wandern kann. Da begegnen einem die alten Helden, die vor Tausenden von Jahren auf diesem Skyros gelebt haben, wo es ja damals schon einen Königshof gab. So dahinwandernd begrüßte ich Skyros:

„Unendliche Stille und Schönheit – so breitest du dich aus vor mir – uralte Landschaft von Hellas – es spiegeln sich Wolken und Winde – Seevögel wiegen sich kreischend darin – und ich gedenke der Helden und der silberfüßigen Thetis – ach, noch lugt sie herauf – aus der glasklaren Flut – lächelt voll Schelm – eingedenk ihres Sohnes – der als Prinzessin verkleidet, Achilleus – jahrlang hier lebte und sank – zuletzt doch vor dem listgen Odysseus (Ulysses) – ins Ungestüm seines Schicksals hinab, – aber liebte er nicht zuvor – die süße Briseis – eh er fürs Vaterland fiel? – seitdem sanken Jahrtausende weg – doch Millionen und Abermillionen Männer – fielen wie er – war es gut so? – mußte es sein? – war's umsonst? – ein Verbrechen? – uns bleibt die ungeheure Frage – uns die Entscheidung darob – oh, schweigt doch ihr Fragen – bald ist der Strand wieder verwüstet – von der Moderne – die Stille zerstört – noch ist es schön – die Stille, die große Antwort – auf meine Fragen. – Schweig still.!

Später las ich, was ich in Erinnerung zu Hause in Deutschland schon geschrieben hatte:

Ich denke an dich, Griechenland – wenn in der Osternacht – das Licht erwacht – das Ungeheure sich offenbart – das Auferstehen! Ja, und dann besuchte ich Anastasia. Ihr uraltes Haus aus dicken Mauern wie von den Zyklopen erbaut, ist innen mit allem modernen Komfort eingerichtet. Trotzdem war es nicht richtig warm, wie es eben im Winter in den feucht-kühlen Häusern im Süden am Meer ist. Doch lagen herrliche wollige Schaffelle auf dem Boden, buntgewebte Teppiche zierten die Wände und ganze Bücherreihen sprachen von einem erfüllten Leben, hier in der Stille. Beneidenswert. Ich trete ans Fenster. Wie ein Schwarm weißer Schwäne breitet sich das Dorf draußen aus, den steilen Hang hinunter bis ins Tal und wieder aufwärts über die sich sanft hindehnenden Wiesenhänge. Ich fühle mich wohl. Eine aristokratische Umgebung erfüllt von aristokratischer Gesinnung. Trifft beides zusammen, wie will man da dagegen sein? Der echt vornehme Mensch, wie diese Anastasia, führt ein einfaches Leben. Er ist der Freund der Armen in seiner Umgebung. Unseren Ausflug in ihren Garten habe ich im beigefügten Gedicht gleich in ihrem Garten selbst niedergeschrieben.

Anastasias Garten am 11. Mai 1983

Ostern war's
Im Morgenglanz lag
Kalamitsa!
Frohe Stimmen der Jugend
Gleich Glockenklang
Drangen das Meer entlang.

Ich wanderte dort
Die Füße benetzt
Vom köstlichen Naß
Sah ich's golden glitzern
im Sand.
Ja, er rieselte schieferfarben
und golden über die Zehen
mir –
viele Stunden verweilte ich
dort
In süsser Ruhe und Einsamkeit –

Dann kam der Bauer
Mit der altschlauen Mutter
Sie boten mir Käse
und harzigen Wein.

So wanderte ich wieder
Dem Dorf
Auf seinem uralten Berg
Entgegen

Mittagsmüde ...
Bis ich den Garten sah!

War es nicht hier,
Wowir vor vielen Jahren waren?
Mit dem jungen
Verliebten Paar?

Im Schilfe versteckt
Das Haus?

Jetzt trennt mich ein
Mächtig verschlossenes Tor
Vom Paradiese da
unten.

Vergeblich schau ich
und schau und schau
Wohl seh' ich köstliche Blumen,
Gewächse der Fülle,

Ein Brunnen plätschert hinab
Lämmer blöken und Vogelgesang.
Doch keine menschliche
Stimme
Dringt an der Lauscherin Ohr ...
Die weiter wandert – – –
Plötzlich, Tage danach
Trifft sie die herrliche
Griechin
Mit ihren aufgesteckten
Zöpfen,
gleich einem Kranz
den edlen Kopf zierend –
Wieder –

„Komm mit in meinen Garten",
sagt sie.
„Ja, wo denn? Wo ist er?"
„In Kalamitsa."
„Oh Kalamitsa! Wie schön!"

Sie sausen im Auto dahin,
lachend,
fröhlich genießend die
Heimat
die alten hellenischen
Berge,
jetzt von der Sonne geküßt
nach fürchterlichem Gewitter –

Fliehende Wolkenschatten
eilen über olivgrünes Land
Unten blauet das Meer,
rauscht, treibt weißen
Gischtschaum daher.
Wie Perlenschnüre ziert es
die Strände und Buchten.
Da plötzlich hält Anastasia
Am Zaubergarten von Ostern!

Klick – sie öffnet das Tor
und drin sind wir
im Paradiese!

Welch eine Überraschung,
Erfüllung des Wunsches
der Wünsche!
Das Tor zum
Paradiese geöffnet!

Und wirklich das Wunderbare
Es hält sich.
von Schritt zu Schritt
Offenbart es sich schöner.

All das haben fleißige
Hände geschaffen.
Anastasia, eine gütige
Herrin,
fast ein Gottkind
wie Achilleus, Thetis,
Odysseus und Theseus.
Sie alle wanderten ja
früher einmal ungestört
hier umher. –

Doch Anastasias
Garten und Haus
blieb uns, blieb späten
Zeiten geschenkt!
Welch Glück doch!
Unter dem Baldachin
der Rebengehänge
wandern wir fröhlich hinab.
schon grüßen links und rechts
Blumen.
Mit geübter Hand
Biegt sie Anastasia
empor, da sie das Unwetter
knickte –

Rosafarbene Päonie,
die Pfingstrose,
Ölzweige darüber
deren Blätter silberner Glanz,
im Winde schimmernd sich drehn.
Aber da ragt schon am
schattigen Grund
die weiße Kalla empor.
Becher an Becher
steht sie,
verbirgt herrlich goldenen
Griffel im Innern.
Möcht ich doch schreiben
können damit,
so golden, wie alles hier war!

Ich sitze nun mitten
Im Garten –
weiße Säulen ragen empor,
durch all das Grüne
blitzt das Meer
Von der nahen Bucht
Kalamitsa!

Der Brunnen plätschert
geschäftig
Doch meine Anastasia
sitzt drin im köstlich
kühlen Salon!
Sie wollte so vieles tun,
nun eilten zwei Freunde
herbei
und selbdritt trinken sie
In lange Gespräche vertieft
war doch der trennende Winter
so lang –
Kristallklares Wasser mit
Whisky!

Indessen der Garten
schmachtet ja nicht.
Ein ungeheurer Regen
hat ihn gestern getränkt.

Schon steigen neue, herrliche
Wolkengebilde auf
ich breite die Arme empor
zur Sonne!
Köstliche Düfte mischt mir
die Brise.
Lilien, die großen, weißen,
in Töpfen gezüchtet
Neben den roten Glocken
der Amarillis
bewegen sich leise im Wind.

Ich wandre hierhin und dorthin
eine Steintreppe empor,
dort liegen kugelige Steine,
wie das Meer sie gebar.

Hinter dem wohlduftenden
Wickengewinde
gelange ich in den Rosengarten
Eine Fülle von Blüten,
wie sie mein Auge nie sah –

Dunkles purpurnes Rot,
füllig, schon halb entblättert,
zieren den Boden sie –
andere lachsrot beginnen –
auf riesigen Stengeln schwanken
zwei Weiße.

Ein braungebrannter Gärtner,
im Kübel bessere Erde,
wandert vorbei ohne Gruß,
ganz in die Arbeit vertieft –

über die Rosen hinweg

erblick ich das Meer,
dahinter den Berg
mit seinem schönen Weg
nach Linaria.

Ach, könnt ich doch oft
noch dort wandern,
wo ich ganz zuerst
das weiße Wildpferdchen sah,

vor Jahren, vor Jahren, vor Jahren ...

Gegen das Meer zu strecken
die Feigenbäume
ihre halbnackten Zweige empor,
andere haben riesig gelappte Blätter
und daneben ganz
unbekümmert
reckt sich Schilf mit braunen
Kolben zum Himmel –

Am meisten doch lobe ich mir,
Daß neben den edleren Rosen
Eine Heckenros ist erblüht!
Ihre zarten rosa schalen
Sind übergossen von Licht
und im Gleichklang dazu
breitet sich saftiger Klee
unter die Sohle mir.

Ach, Anastasia –
wie danke ich dir!
Hundertfältig gedeihen hier
Blumen und Gras.

Unnennbar schön
erblicke ich noch
hingebreitet vor die
Marmorbänke am Haus

ganze Wälder von Margeriten!
Hold erblüht zieren sie dein
Haus.

Soll auch ich nun
hineingehn
zu erlauben mich?

Sah ich doch den Gärtnerburschen.
Aufs Dach geschlichen
dort sitzt er, gelehnt
ans Kamin
und löffelt sein Jaurti.
Mittag ist's!

Die lange Siesta
schließt alle in ihre
Arme
zum Schlaf.

Nach Ostern wanderte ich einige Stunden über die Berge in eine Bucht. Ich fand ein einfaches Gasthaus mit einer großen Laubenterrasse über dem Meer. Dort saß ich wie verzaubert und lauschte dem Gesang der Wellen, ach, es war wunderschön. Die Familie setzte sich zu mir, da kein anderer Gast da war. Sie brachten ihren würzigen Schafskäse, Retsina, Lammbraten, köstliches Brot und natürlich ihren einmaligen griechischen Marullisalat. Auch Oliven standen bereit und Zitronen. Die Menschen waren in freudiger Stimmung. Dies sei der letzte Tag ohne Elektrizität für sie – morgen würde das ganze Gebäude renoviert, Haus und Terrasse erleuchtet, Radio und Fernsehen eingerichtet usw. Ich mußte ihre Freude teilen, aber sie auch die meine, daß ich Gott sei Dank, wenigstens noch den letzten Tag ohne Beleuchtung erwischt hatte und wo's das alles nicht gab, laute Musikboxen, Radio und Fernsehen. Beim Abschied gaben sie mir ihre Adresse und baten mich, bei ihnen, in ihrem Gasthaus einmal Ferien zu machen. Als ich sah, wie ihr 10jähriger Kosta sich auf den Esel schwang und davonritt, funkte es bei mir. Auf dem Heimweg durch die Legföhren, an dem Geviert der wilden Pferde vorbei, fiel mir eine ganze Geschichte ein. Eingedenk, wie Elke-Athene mir in Saloniki die Hand auf die Schulter gelegt hatte, entschloß ich mich ins Hotel Xenia zu ziehen, damit ich die Geschichte aufschreiben könne. Ich verließ die strenge Panagiota, die zwar heftig protestierte, als ich ihr sagen mußte, ich gehe ins Xenia. Dort gab es jetzt ein Sonderangebot, da das Hotel sich nach Ostern wieder ganz geleert hatte. Ich träumte von einem warmen Zimmer mit Balkon und Ausblick aufs Meer. Dort würde ich herrlich schreiben können, denn ich brauche zum Schreiben, außer einem Tisch einen schönen Ausblick, oder mindestens überhaupt einen Ausblick. Ich war dann genau eine Nacht in diesem Hotel, wo es früher einmal so schön gewesen war, als Manoli noch lebte. Ich bekam zwar ein sehr nettes Zimmer mit Ausblick aufs Meer, aber in diesem Zimmer war kein Tisch! Ich sah nur viele kleine Tische drunten auf dem Rasen stehn. Ich fragte den Direktor – ein wortkarger, bärbeißiger Mann, wahrscheinlich ein Athener, der sich ärgerte, daß er hier in der Provinz leben mußte, ich fragte ihn also nach so einem kleinen Tisch. Er lehnte es aber ab und ließ sich nicht erweichen. Tische seien nur für Doppelzimmer und für den Garten. Da bezahlte ich meine Rechnung und beschloß, auf eine wärmere Insel weiter im Süden zu gehen.

Ich packte meine fahrbare Tasche, stieg damit in den Bus und vorbei ging's an dem unerhört kühnen Felsberg, der aus der Insel wie ein steiler Backenzahn emporragt, an den sich das Dorf von allen Seiten anklammert und von dessen Spitze einst König Lykomedes den Theseus in den Tod gestürzt hat. Was war dagegen ein kleiner nicht vorhandener Gartentisch! Und überhaupt, es ging wieder weiter. War es nicht herrlich? Reisefreude erfüllte mich! Ich fuhr nach Mykonos.

Doch zuerst mußte ich in den unvergleichlich netten Hafen von Linaria übernachten. Ich fand sehr rasch ein Zimmer zum Meer, denn auch hier waren bereits alle Athener wieder abgehauen. Doch war auch dieses

Zimmer kalt. Ich mußte, wie überall, meinen kleinen Tauchsieder in Aktion setzen und meine kleine Wärmflasche füllen. Am nächsten Morgen um sechs Uhr würde das Boot fahren und ich hatte noch eine ganze Nacht Zeit zurückzudenken, wie ich da vor vierzehn oder fünfzehn Jahren einmal angekommen war! Es war kurz nach Mittag. Unser Dampfer blieb weit draußen stehen. Wir kletterten die steile Schiffstreppe hinab und wurden in ein kleines Boot gehoben, wo man dicht gedrängt nebeneinander stand. Hinter uns hörten wir die lauten Rufe: „pramata, pramata, pramataa", das war damals eines der wichtigsten Worte, wenn ich auch nicht wußte, was es bedeutete. Einige ruderten uns an Land, unterstützt von einem Motor natürlich, der tuckerte und dann erhob sich wieder ein endloses Gerufe „pramata, pramata ..." Im Lauf der Jahre lernte ich, daß es einfach „Sachen" heißt. Bei der Aus- und Einschiffung dreht es sich dabei um das Gepäck, das mit muß. An Land nahm ich damals meinen noch schweren Koffer, um in einen Bus zu steigen. Ich rannte hierhin und dorthin, bis man mir endlich begreiflich machte, daß erst abends um sechs Uhr, also in drei bis vier Stunden, der nächste Bus fahre. Ich begehrte auf! So etwas gibt es doch nicht, wenn ein Schiff kommt, daß kein Bus fährt! Jemand, der englisch sprach, sagte mir: „Wenn Sie wollen können Sie Ihren Koffer nehmen und zu Fuß gehen. Es sind nur acht Kilometer." Ich sagte nichts mehr, setzte mich auf eine Stein und starrte aufs Meer. Etwa nach einer Stunde hatte ich mich beruhigt. Ich betrachtete das geruhsame Leben um mich. Wie sie da im Schatten vor dem Kafenion saßen und Brettspiele machten. Andere plauderten, oder rauchten auch nur eine Pfeife. Die Frauen unterhielten sich. Hunde, Katzen, Schafe und Ziegen liefen dazwischen. Es war eigentlich wunderbar. Wenn es nur jetzt noch so wäre! Dafür stehen aber jetzt immer Busse am Kai, die Ferryboote legen direkt am Ufer an, es wird mit Kränen abgeladen, das Wort *pramata* ertönt nur noch selten und ehe man sich's versieht, hat man den kleinen entzückenden Hafen hinter sich.

Jedenfalls war's damals eine Einweihung ins griechische Inselwarten gewesen. Drei Stunden! Dabei ist das auf so einer Insel nicht viel. Es kommt vor, daß man Tage und Nächte auf die Schiffe warten muß. Das ist dann immer schön und interessant begleitet vom Auf- und Niedergehen der Gestirne, die greifbar nahe dabei sind wie Ebbe und Flut. – Ja Skyros war ja auch meine erste griechische Insel gewesen. Oder war sie nicht die zweite, vielleicht sogar die dritte? Oder vierte, darf man

Trauminseln auch dazu zählen? Zuerst hatte ich die griechischen Inseln von der Akropolis aus gesehen, wo die Luft ganz klar und tiefblau ist. Mein Herz klopfte in gewaltiger Sehnsucht. Aber ich war nun mal arm und konnte mir nicht jeden Wunsch erfüllen. Ja, es war sogar immer so, ich wußte nicht, ob ich es jemals könnte. Und gerade deshalb war das Reisen für mich so spannend und so wunderbar! Es vergingen noch Jahre. Doch eines Tages im September war es dann so weit. Ich wollte vom Norden herab gen Süden durch die Ägäis fahren und je nach den Umständen da und dort aussteigen. Zuerst ging's nach Thasos. Auf diese Idee hatte mich meine Freundin Herta gebracht. Sie schwärmte mir so lange vor, bis ich auch nach Thasos wollte. Wie sich nun das Schiff der Insel näherte, packte mich das reine Entsetzen! Ich bekam eine richtige Wut! So also sahen griechische Inseln aus!? Ein furchtbarer nackter Felsklotz. Richtig feindselig blickte er mich an. Ich hatte ein paradiesisches, liebliches, mehr flaches Eiland erwartet. Nun diese mächtigen Berge und alles ganz kahl, nackte rote und braune Erde. – Dabei ist Thasos eine sogenannte „grüne Insel" wie ich auch am andern Tag feststellen konnte. Aber merkwürdig, ich fragte gleich nach Samothrake und sah es irgendwo ganz weit in der Ferne im Südosten liegen. Vielleicht auch nicht, es war nur so ein Pünktchen. Es ging aber kein Boot dorthin von Thasos. Ich stellte mir die Nike von Samothrake vor, diese geflügelte, wundervolle Frauenfigur mit den wallenden Gewändern, eine Personifizierung des Lebens selbst. Das wollte ich sehen. Dort auf ihrer Heimatinsel am Meer unter dem Fengari, unter Zypressen und Ölbäumen und Kastanien. Auf Thasos konnte ich mich dabei gar nicht konzentrieren.

Ich schiffte mich wieder ein. Um Mitternacht ging ein Schiff, es war ein kleineres Boot, das einmal Churchill gehört hatte. Es besaß noch den alten komfortablen Salon, der junge Kapitän war sehr nett und es waren auch sonst ein paar feine Leute an Bord, wie wir da um Mitternacht von Kavalla ablegten. Das Meer rauschte auf und los ging's. Ich hatte mir nun als nächste Insel Lemnos herausgesucht, die Insel des Schmiedegottes Hephaistos.

Ich machte mich bereit, um sechs Uhr von Bord zu gehen. Der Kapitän hatte ein paar freundliche Abschiedsworte für mich, wie ich da im Kühlen stand und wartete. Der Himmel war rein und durchsichtig wie Glas. Ein wunderbares Frührot belebte ihn bald. Ich habe nie mehr so etwas Schönes gesehen. Die Venus leuchtete noch als einziger Stern im

Westen. Es dauerte immer noch bis die Insel kam. Plötzlich war sie da. Diesmal stand mir wirklich das Herz still. Es war ein ganz nacktes Gebirge, schwarz wie Ruß und sonst war überhaupt nichts zu sehn. Kein Mensch würde mich dort hinbringen. Ich drückte mich tiefer in meine Ecke und blieb dort, Gott sei Dank, unbemerkt stehen. Etwa nach einer Stunde kam der Kapitän vorbei. Er rief gleich: „Wir waren doch schon lange auf Lemnos! Haben Sie es nicht gemerkt?" Da schüttete ich ihm mein Herz aus. Er lachte laut und meinte: „Da hätten Sie ruhig aussteigen können. Lemnos ist eine wunderschöne Insel. Aber fahren Sie jetzt mit bis Skyros. Das ist so, wie Sie es sich wünschen. Mit Wiesen, Blumen und Wäldern. Es hat auch große Strände." Und so kam ich dann auf mein geliebtes Skyros. Immer aber blieben für Jahrzehnte Samothrake und Lemnos meine Trauminseln und ich möchte wirklich immer noch einmal nach Lemnos.

2. 10. 84

Meine lieben Leser! Als ich heute morgen in der Dunkelheit in Hohengehren erwachte, hörte ich den Regen rauschen. Es prasselte förmlich auf alles nieder. Also, heute kein Phöbus Apollo? Aber das macht nichts, habe ich doch meinen Mykonosbericht schon fertig im Kopf, eilen doch meine Gedanken meiner schreibenden Hand weit voraus, so daß ich alles immer im Galopp schreiben muß. Jedenfalls konnte ich mich heute morgen noch einmal tief befriedigt unter die warme Decke kuscheln und dem Lied des Regens lauschen ... etwas vom traulichsten auf dieser Welt ... ich dachte dabei an das alte **M y k o n o s**, an das Mykonos vor zwanzig Jahren. Es ist so ein großer Unterschied, daß eine Kunstmalerin, die dort lebt, ausrief: „O hören Sie auf, sprechen Sie nicht von früher! Früher, ich darf nicht daran denken." Dabei hatte sie fast Tränen in den Augen. So können zwei Jahrzehnte eine Welt verändern. – Ich will nun auch nicht von früher sprechen, sondern wie ich da ohne Schreibtisch von Skyros ankam. Im äußeren Bild hat sich Mykonos nicht zu sehr verändert, Gott sei Dank. Man hat es fertig gebracht, es in seiner schneeweißen Schönheit mit verschwiegenen Gärten, vereinzelten Palmen, Windmühlen und 365 Kapellen zu belassen. So konnte ich ohne allzu großen Schock gleich auf Zimmersuche gehen. Mir schwebte ein ganz bestimmter Ausblick auf den Hafen vor, wo ich bei meinen letzten Aufenthalt einmal übernachtet hatte. Ich stieg eine himmelhohe Steintreppe empor und erreichte eine Terrasse mit schöner

Marmorbrüstung. Auf meine Nachfrage sagte mir ein energisches Frauenzimmer Despina, mit noch energischerer Nase, das Zimmer sei besetzt. Die Haustür klemmte, ging kreischend auf, es folgte eine zweite solche Tür des Windfangs, dann öffnete Despina rechts eine dritte Tür und zeigte mir ein hübsches Zimmer. Es war viel zu teuer und zudem, wie würde ich den Krach dieser Haustüren Tag und Nacht aushalten können? Besonders da sie alle übrigen Zimmer besetzt hatte. Also weiter. Ich mußte den ganzen Nachmittag viele solche hohen Außentreppen hinauf und hinunter. Ich fand einfach nichts Passendes. Alles teuer und gar nicht schön. Keinerlei Aussicht, feuchtkühle Grüfte und außerdem waren die meisten Zimmer schon besetzt. Todmüde kehrte ich gegen Abend zu Despina zurück. Sie zog mich gleich an der Hand hinein, sagte: „Komm", und führte mich durch allerhand Gänge an Türen vorbei. Dann ging es durch eine Altane, die in Wirklichkeit eine Brücke über eine der Gassen war und dann mußte ich eine ganz steile Holztreppe hinauf, die wieder frei außen am gegenüberliegenden Haus hinaufführte. Oben angekommen standen wir auf einer Dachterrasse inmitten dem Gewimmel von Häusern, Giebeln und ebenfalls vielen Terrassen und all das war ganz weiß. Direkt unter uns das langgezogene Tonnengewölbe einer Kapelle mit einer im Steingebälk schwebenden Glocke und einem jener schönen, etwas plumpen Steinkreuze, direkt vor uns. Ja und auf unserer eigenen Terrasse stand ein Häuschen, ein richtiges kleines Haus. In dies führte mich die tüchtige Despina mit triumphierendem Blick hinein und sagte: „So, hier wohnst du jetzt." Es hatte eine Tür und drei Fenster, die nach allen Himmelsrichtungen gingen. Man sah zuerst über ein Meer von Dächern bis aufs echte blaue Meer hinaus! Irgendwo ragte eine Palme empor, an der Hauswand gegenüber kletterten Rosen aus einem Topf. Im Zimmer stand wahrhaftig ein Tisch, ein runder zwar, aber ich würde schon dran schreiben können. Die Toilette war außerhalb, einfach ein zweites kleineres Häuschen auf der Terrasse. Wasser hatte ich diesmal sogar im Zimmer. Ich war außer mir vor Glück, legte gleich meine Wärmflasche ins Bett, denn auch auf Mykonos war es in den Häusern einfach noch nicht richtig warm. –

Von den alten Stränden, die ich dann hintereinander aufsuchte will ich lieber gar nicht sprechen. Sie heißen heute Himmel und Paradies, früher waren sie es. Jedenfalls fing ich gleich an, meine Geschichte von Kosta von Skyros zu schreiben. Auch mußte ich anfangen dort oben in meiner Bude meine Umgebung zu zeichnen, so malerisch war es. Eines Abends lernte ich beim Nachtessen, in einer der Tavernen im Hafen, die finnische Studentin Liv kennen. Sie sprach sehr gut deutsch, hatte breite slawische Backenknochen und war äußerst charmant. Der Gedanke, daß sie vom hohen Norden war, begeisterte mich. Sie erzählte mir von den tausend Seen dort oben, von der unberührten Natur und Stille. Durch die Gasse, in der wir saßen, fegte der Wind vom Meer herauf. Für mich war es der Nordwind, obwohl ich noch keine Ahnung hatte, daß ich den ganzen Winter in Norwegen verbringen würde: Im Gegenteil, es war für mich immer eine Tabu-Zone geblieben, es schien mir geradezu verboten, dorthin zu streben. Allerdings trug ich Namen wie Christiania, Hammerfest und Kirkenes seit der Schulzeit schon, als ganz große Wünsche im Herzen.

Vom Restaurant heimgekommen, schrieb ich ein Portrait über Liv. Ich hatte das ein Jahr vorher in Spanien angefangen, erfunden sozusagen. Wenn ich jemand kennen lerne, der mir gefällt, lasse ich mir aus seinem Leben erzählen. Aus diesem Eindruck und Wissen gestalte ich dann eine ganze, sehr kurz umrissene Lebensgeschichte von der Wiege bis zur Bahre. Dies macht mir ungeheuren Spaß, erweckt schließlich ein geradezu leidenschaftliches Interesse für Menschen, was auf Reisen sehr angebracht ist. – Ich traf Liv noch einmal. Auch sie hatte weiter keine Bekanntschaften gemacht und wir unterhielten uns wieder sehr gut. Inzwischen waren meine drei Wochen nahezu um, ohne daß ich die Wärme des Südens hätte genießen können. Ich betrachtete in der Nacht noch den Sternenhimmel von meiner Dachwohnung aus und flog am andern Tag in einem winzigen Flugzeug nach Santorin.

Santorin
Und es war warm und zwar alles. Die Luft, die Häuser, die Betten und sogar das Meer. O, war das herrlich! Nein, da mußte ich eine Zeitlang bleiben, ehe ich ins Kalte zurückging. Mit Santorin war ich nicht so tief verbunden wie mit den Inseln vorher. Doch war mir eine tolle Gratwanderung, die endlos steile Treppe vom Meer hinauf und der Blick auf Ungeheures noch in Erinnerung. Bei der Zimmersuche hatte ich es diesmal einfacher, ich mußte nur unter den 40 Betten im Schlafsaal der Jugendherberge wählen. Die Hälfte etwa war sowieso belegt mit schlafenden, lesenden, sich schminkenden jungen, aber auch älteren Damen aus der ganzen Welt, oder sie waren belegt mit Schlafsäcken, Rucksäcken und so modernen Huckepacks. Einen Sitz-, oder Schlafplatz

wähle ich vor allem unter einem Gesichtspunkt: es darf nicht ziehen. Ich wählte also ein Bett neben einer Wand, darüber war eine Glaskuppel, denn das riesige Schlafgemach hatte weiter keinerlei Fenster. Das kommt mir aber erst jetzt beim Schreiben zum Bewußtsein. Ich weiß auch gar nicht mehr wie die merkwürdige Architektur dieses Haus eigentlich war. Jedenfalls gab es noch ein riesiges Flachdach über uns. Dort schliefen noch mal soviel Touristen, wie unten. Sie lagen unter freiem Himmel, sahen nachts prachtvoll die Sterne und zahlten, was für sie noch weit wichtiger war, nur die Hälfte.

Ach, ich möchte sofort wieder nach Santorin, wenn ich nur dran denke! Dort habe ich ein famoses junges Geschwisterpaar aus Neuseeland kennengelernt. Wie sie da vor der Jugendherberge auf dem kleinen Mäuerchen mit mir saßen, kann ich gar nicht vergessen. Sie waren beide Lehrer, Bruder und Schwester. Beide blond, groß, sie eine richtige Walküre, er hatte ein fein-geformtes Profil, sie waren sauber, strahlend und sehr, sehr kameradschaftlich. Eigentlich waren sie lebendige junge Griechengötter, besonders an diesem Morgen, als beim Frühstück in der Laube vor dem Haus die Sonne tief unter uns aus dem Meer tauchte. Es war eine wundervolle Jugendherberge, gerade weil sie so einfach war. Hausordnung, Sperrstunde, daß es mittags etwa geschlossen, war, preußischer Drill, wie oft in Deutschland, wo man wie ein Duckmäuser leben muß, gab es alles nicht. Ein junger aufrechter Herbergsvater von zwanzig Jahren verwaltete das Ganze glänzend. Es gab auch keine langen Wartezeiten und prima Essen. Allerdings war die ganze Herrlichkeit viele Stunden am Tag von Musik überflutet – o, je. Ein deutscher älterer Tourist sagte, das nächste Mal bringt er eine Schere mit und schneidet das Kabel durch! Eines Morgens trat der Herbergsvater vor mich und sagte: „Du hast doch Geburtstag heute, da darfst du dir etwas wünschen. Sagen Sie es nur, was Sie wollen." „Ja, also, begann ich vorsichtig, ich weiß aber nicht, ob das möglich ist, also, ich meine, wenn das geht, wenn Sie nachher in die Mittagspause gehen, daß Sie den Lautsprecher abstellen?" „Nein," sagte er, „das mache ich nicht erst in der Mittagspause, das mache ich sofort und zwar den ganzen Tag. Das ist Ihr Geburtstagsgeschenk." War er nicht famos?

Ich muß noch einmal sagen, ich möchte am liebsten gleich nochmals nach Santorin. Es wurde zu einer Insel der Freundschaft für mich. Nach den Australiern lernte ich viele Deutsche und Schweizer kennen. Es war ein köstlicher Abend, als wir, ein ganzer Tisch voll, in der Kneipe bei

Wassilis zu Nacht essen. Durch die alten Gassen heim brachte man mir plötzlich einen kleinen Strauß rosaroter Röschen an! Es war ja immer noch mein Geburtstag! Unvergeßlich, wie ich zwei Tage darauf mit einigen anderen Deutschen in dem attraktiven Kaffee auf einem Felsvorsprung saß. Es war ein riesiges Glasgeviert mit eleganten weißen Stühlen und Tischen, Ober im Frack und ganz vornehmer Service von herrlichen Eisbechern usw. Steil und tief unter uns lag das schwarzblaue Meer aus dem wie alte ausgebrannte Glutaugen die kleinen Krater heraufglotzten. Plötzlich sah ich die Freunde von den Abenden vorher die riesige Felstreppe neben uns hinabsteigen. Sie winkten mir noch zu. Wir verfolgten sie mit unseren Blicken hinab bis sie auf Nimmerwiedersehen in der Gluthitze des Mittags unter uns verschwunden waren. Als ich nach zweieinhalb Monaten für fünf Tage von Griechenland heimkam, fand ich einen Brief von ihnen vor. Herzlichen Dank! Wir Zurückgebliebenen in dem Glaspavillon hatten noch herrliche Stunden dort. Wir waren Malende und Schreibende und zeigten uns unsere „Werke". Ich las mein Gedicht vor:

Kastro-Terrassen Santorin

Oh, Insel du!
Schwebend ist Licht, Wind
und Meer –
Lange hinausschauend
löst meine Seele sich,

Flügel, unmerklich entfaltet
Heben empor mich zum Licht!

Tragen mich weit hinaus,
Wo Himmel und Welt
in Einem vergehn – – –

Kehr' ich zurück,
seh ich noch schöner dich
Santorin,
mit all deinen Menschen –

Doch in der heißesten
glühenden Mittagszeit

sehn ich mich heim!

Mein Herz wird schwer –
Zu weit der Ätherflug.

Der Abend, der unvergleichliche
wird meine Wehmut stillen,

ewige Sterne mich trösten –

In grellem Weiß starrt
die Stadt herüber –

Der ewige griechische
Singsang
stört die Stille.

Schwing dich auf!
Geh in die Stille ...

Eine Hamburgerin verbarg mehr ihre Niederschriften, als daß sie sie offenbarte und das war noch interessanter. Sie hat eine große Vorliebe für Odysseus und so eine Dame traf ich später noch einmal. Die alten Helden haben also auch heute noch Verehrerinnen. Wenn ich es hier geschwind zwischenschalten darf, ich traf auch schon im Zug Plochingen-Thessaloniki einen eigenartigen Mann. Da jeder von uns so ungefähr ein Coupé für sich hatte, hatte dieser die beiden langen Bänke ganz mit seinen Fotoutensilien belegt, wie ein Fotograf. Er hatte eine Ausrüstung dabei, als ging's auf eine Expedition. Und das war's auch für ihn. Es war ein einfacher Angestellter, also nicht etwa ein Gelehrter, mittleren Alters. Er reiste ganz allein und war glücklich, daß er sich endlich den Wunsch erfüllen konnte, nach Griechenland zu fahren. Er hatte viel, viel darüber gelesen, ja, die griechische Kultur studiert und nun kam für ihn die Erfüllung, es auch selbst zu sehen. Für solche Leute ist Griechenland ein herrliches Land, da jedes zweite Haus eine Ruine ist und jeder Zoll breit Platz eine tausendjährige Geschichte hat und das noch in verschiedenen Schichten erdabwärts. Dieser Mann stand, bzw. saß also plötzlich vor mir auf einem Mäuerchen in dem malerischen Ort Ia am Nordende von Santorin. Dort scheint nicht nur die Insel zu Ende, sondern die ganze Welt! Alles löst sich auf in Wiesenhänge, die von vielen Mauern und Mäuerchen unterteilt sind und diese kleinen Gärten, die entstehen, sind voll blühender Margeriten, die im Meerwind wogen – natürlich haben sich exklusive Restaurants eingenistet, die auch wieder nur auf Terrassen, in Felsnischen und offenen Ruinen hausen. Über Felsabstürze sieht man hinab auf ein tiefblaues Meer und alles zusammen ist von soviel Sonne übergossen, daß man sich leicht vorstellen kann, daß dort vor Tausenden von Jahren nackte Jünglinge zu Ehren Apollons tanzten.

Dort also saß der wackere Deutsche aus dem Rheinland in steter Suche nach klassischen Motiven. Als alte Bekannte begrüßten wir uns so überrascht und freudig, wie man das immer tut, wenn man sich zum zweitenmal unverhofft trifft. Er erzählte mir, was er schon alles fotografiert hatte in den vergangenen Wochen. Ich fragte ihn, für welchen Verlag er arbeite. Er lachte, er macht das alles nur so für sich. Und wem wird er es zeigen? Niemand, es kommt daheim in die Schublade. Solche Menschen trifft man in Griechenland immer wieder. Griechenland ist eine geistige Heimat für viel mehr und oft viel einfachere Menschen als man denkt. So war unter uns auch eine Hamburgerin, sie trug einen schönen

Florentiner Hut auf ihrem dunklen Lockenhaupt und wirkte wie eine Malerin, entpuppte sich aber mehr als Dichterin. Sie sei nur in die Volksschule gegangen sagte sie in ihrer bestechend einfachen Art, beruflich sei sie Verkäuferin. In ihrer Freizeit jedoch hat sie sich vollständig die altgriechische und neugriechische Sprache angeeignet, so daß sie den Homer im Urtext lesen kann. Solche Menschen sind doch einfach bewundernswert. Sie sind wie Veilchen am Wege und hinterlassen einen Duft feinster, subtilster Menschlichkeit. Im Umgang mit ihnen erfahren die Dinge eine Vertiefung, das ist in unserer raschen und oberflächlichen Zeit ein hoher Wert. Ich denke hier auch an die Schweizerin. Eine geschiedene Frau mit zwei Kindern. Es ist ihr gelungen eine eigene Existenz aufzubauen. Auf meinen Omnibusfahrten über die Insel sah ich sie oft einsam dahinwandern in großer Begeisterung. Sie wollte niemand von uns dabei haben. In diesem Zwiegespräch mit der großartigen Landschaft dort, weit draußen, in der Stille, fand sie Erholung und Neuschöpfung ihres Lebens. Es ging etwas Besonderes von ihr aus, wenn man sie so emporwandern sah zu den Sonnenterrassen, etwas was einen selbst erhob. Auch ihr Dank für ihre feine Art.

Doch zurück in den Glaspavillon. In der äußersten Ecke, gerade über dem Abgrund schwebend, saß eine aparte Dame. Ich hatte sie eher für eine Pariserin, oder Amerikanerin gehalten, als für eine Stuttgarterin! Ja, ich fühlte mich als Schwäbin geradezu geschmeichelt, eine solche attraktive Landsmännin zu treffen. Sie zeichnete unaufhörlich mit ganz feinen Strichen. Es stellte sich heraus, daß viele Bilder in dem Kaffee von ihr stammten, da sie schon einige Jahre auf Santorin lebt. Sie lud mich in ihr Haus ein. Das ist immer eine besondere Freude, wenn man in fernen Landen, wo doch alles anders ist, auch mal in ein Privathaus kommt, ganz abgesehen davon, daß man eben überhaupt gern mal eingeladen ist! Diese mittelalterliche Dame mit ihrer feinen aristokratischen Bildung gab mir auch ihre Adresse und sagte, sie wolle mir gerne antworten, falls ich ihr einmal schreibe.

Ich war also bei dieser Frau eingeladen. Ich mußte dazu den verwegen schönen Gratweg hinaufgehen; das rote und schwarze Gestein mit der grellweißen Bimssteindecke, die fast vierhundert Meter in die Tiefe, die kleinen Krater, die dort im Lauf der letzten zweitausend Jahre nach und nach aus dem Meer auftauchten und nun dunkel und ausgebrannt herausstarren, all das zusammen, es war wie immer ein aufregend schöner und verwegener Anblick. Ich wanderte gut dreiviertel Stunden an den

Klippen entlang bis ich das Haus fand. Haus ist aber gar kein Ausdruck! Es war etwas Wunderbares aus Terrassen, Felsnischen, kühnen Mauern mit Amphoren, Zitronenbäumchen – komfortable in den Berg gebauten Zimmern. Das alles war aber nichts gegen den Himmel hoch oben und die Meeresbläue tief unten und weit, weit hinaus. Die Gastfreundschaft und der Humor der Schwäbin hinzu. Sie machte mir ein pikantes Tsatsiki an, mit Brot, und dem tiefdunklen Wein, der dort schwarzer Wein heißt, dazu. Was sie alles an Skurrilem erzählte vom griechischen Bürgermeister, Arzt und anderen Honoratioren und wie einmal der Professor vom Hölderlingymnasium in Stuttgart auf Santorin umherirrte und zufällig an ihrem Haus klopfte und wie sie ihn dann ganz schwäbisch mit Namen anrief, daß er zu Tode erschrak, das alles würde allein ein Buch füllen. Ich wünsche sehr, daß ich noch einmal von ihr hören werde. Sie hieß Nägele, oder so ähnlich und ist von Beruf Architektin.

Über all dem vergaß ich auf Santorin das Elend einzelner Schicksale, die ich am Anfang der Reise erlebt hatte und die ja jetzt nicht mehr zu ändern waren. Ich sah die Vorteile im neuen Stadium des Tourismus, nämlich daß man jetzt viele nette interessante Menschen trifft in Griechenland und daß das oft sogar Deutsche sind. Ich vergaß aber noch viel mehr! Nämlich, daß ich nach drei Wochen heimfahren wollte. Ich wußte plötzlich nichts mehr davon. Überließ mich mir selbst und setzte nun erst richtig an zu einem Inseltrip.

Naxos

3. 10. 1984

Dieser Brief, den ich so im Flug hinzaubere, wird inzwischen zum Problem, weil er allmählich zum Buch, oder mindestens zur Broschüre anschwillt. Was tun? Das fragte ich mich heute Nacht. Doch heute morgen, von einer Nachbarin zum Frühstück eingeladen, erschien alles so leicht und einfach, daß jeder von uns, wir gemeinsam sozusagen, ein paar Probleme über Bord warfen. „Ich schreibe einfach munter weiter", rief ich aus, „dann wird man schon sehen nachher" – bloß das Abschreiben mit der Maschine, hm ...

Also, Naxos! Zuerst mußte ich ja ein Schiff besteigen und da muß ich sagen, obwohl ich früher jahrelang in Griechenland gelebt habe, so wundervolle Überfahrten wie im Sommer 1983 hatte es nie gegeben. Das Meer war fast spiegelglatt, der Himmel rein, die Sicht optimal. Nicht zu klar, nicht zu verschleiert, so daß die vorüberziehenden Eilande als romantische blaue Gebirge erschienen. Die Schiffe waren noch wenig besetzt im Mai. An Deck in der Sonne konnte man liegen, sitzen, umherschlendern, wie man wollte. Als wir uns gegen Abend Naxos näherten, tupfte mich ein alter Deutscher, der auch unterwegs war, an und flüsterte: Da schauen Sie! – Das war ein Empfang! Ein prachtvoller Vollmond stieg gerade hinter dem Schloß herauf! Ich nahm es als ein gutes Omen. Mond und Sonne können ja auf den Inseln so ungeheuer groß wirken, wie ein glänzender Gegenstand, den man nur greifen braucht. Zu solchen Betrachtungen hatte ich aber nicht lange Zeit. Müde von der Seereise, mußte ich nun erst einmal mit meinem Gepäck in die Stadt wandern und ein Zimmer suchen. Das dauerte entsetzlich lang und wurde rasch Nacht darüber. So hatte ich wenigstens keine Zeit erst einmal wieder festzustellen, was alles in betrüblicher Weise anders geworden war. Hauptsache, das wundervolle Marmortor stand noch draußen auf seinem Hügel, so wie man es vor 2500 Jahren dort hingestellt hat. Es leuchtete im Mondschein zu mir herüber, so daß ich alles andere leicht in Kauf nahm. Hingen doch viele meiner früheren Gedanken, ja Ziele daran, die mich nun wie alte Freunde begrüßten und auf mich zu kamen. Ich arbeitete mich durch die nächtlichen Gassen, die voll schmausender Menschen saßen. Es duftete köstlich nach Suvlakia und Brathähnchen. Eisbecher von Sahnebergen gekrönt zogen an meinen Blicken vorbei und ich hatte immer noch kein leeres Zimmer gefunden.

Hier war also im Mai offenbar schon was los. Ich sah auch nirgends Hinweisschilder, wie etwa „room" o. ä.

Aber schließlich landete ich doch irgendwo. Bei einer Lizzi. Wenigstens vor ihrem Haus, aber leider war sie nicht drin! Ich solle nur warten. Ja, aber wie lange? Es war ein großes Haus an einer Stelle, wo der vom Meer aufsteigende Schloßhügel gerade etwas steiler wird. Weiter oben in Gärten stand ein kasernenartiges Haus, wo viele große Fenster erleuchtet waren, die Stadtpolizei, wie ich später erfuhr, das heißt auf griechisch astinomia. Immerhin ein guter Markierungspunkt, dachte ich, daß ich später das Haus wiederfinde, falls diese Lizzi überhaupt heute nacht noch kommt. Mit der Polizei da oben hatte ich ja wohl weiter nichts zu tun. Um so mehr aber mit zwei Häusern ganz in der Nähe. Das eine ein putziges kleines Häuschen, das in den spitzen Winkel zweier Straßen gerade hineinpaßte. Aber das dauerte noch bis ich darüber Näheres erfuhr. Aus dem andern Haus, eine Art Mietskasten in altgriechischen Stil, kam jetzt eine Frau heraus. Sie war klein und sagte: „Guten Abend! Ja, Lizzi ist noch im Kafenion. Sie können auch bei mir übernachten, kommen Sie." Sie nahm mein Gepäck und wir stiegen in den zweiten Stock hinauf. Wir betraten eine Mietwohnung, wo es nach kleinen Kindern roch und wo es bestimmt Tag und Nacht laut sein würde. Als Marussi, wie die Dame hieß, mein Gesicht sah, sagte sie schlicht: „Lassen sie doch ihr Gepäck solange hier. Wenn Lizzi dann kommt, können sie immer noch zu ihr gehen, wenn sie wollen." So etwas von guter Nachbarschaft gibt es doch auf der ganzen Welt nicht mehr! Und das auch noch in einem Frühsommer, wo die Touristen rar waren in Hellas. Ich dankte und ging. Wie bloß diese Lizzi wohl aussah? Eine, die an ihr Haus eine große Tafel hängte: „room free" und dann die ganze Nacht im Café saß. Ich weiß nicht mehr, wie ich noch den Abend verbrachte. Naxos war ja doch nicht mehr Naxos, ich wollte das lieber gar nicht mehr sehen.

Plötzlich war Lizzi da. Eine solide, schöne, mütterliche Frau, ja fast Dame, im mittleren Alter. Sie strömte Wärme und Verstehen auf mich aus und holte mir erst einmal mein Gepäck! Dann wurde es aber doch noch schwierig. In ihrem wohlhabenden Haus gingen wir erst einmal eine Außentreppe hinauf ins Touristenstockwerk. Sie hatte nur noch ein Zimmer frei und darin standen vier Betten. Nun wollte sie es partout nicht um den Einzelzimmerpreis, der ja sowieso immer 30-40% teurer ist, als im Doppelzimmer, vermieten, sondern ich sollte eben mehr zahlen. Auf jeden Fall, viel zu viel. Der tägliche Nahkampf begann. Sie führte alle die Argumente an, die ich seit Jahr und Tag mir oft Abend für Abend anhören muß. Warum ein Einzelzimmer teurer sein muß und welch wahnsinniges Risiko es ist, ein Mehrbettzimmer einem Single zu überlassen, wenn es doch jeden Augenblick klingeln kann und vier Leute dastehen, die volle vier Betten mit Begeisterung zahlen werden, wenn sie sie nur bekämen! Ich habe dann allmählich auch schon meine Antworten bereit. Nämlich, wie unangenehm es ist für einen Einzelnen, wenn ihm zugemutet wird, in einem Zimmer zu schlafen, wo zwei, oder gar mehr Betten stehen, an denen man sich ständig die Schienbeine anschlägt, statt ein bißchen Freiraum zu haben. Und dazu diese albernen weißen Flächen neben sich, statt einer hübschen Einrichtung. Ja, ich bitte die Vermieter zuletzt, ob sie nicht die überzähligen, albernen Betten entfernen können, solange ich da bin, weil es so einfach nicht zumutbar wäre. Von diesem Punkt an, habe ich dann meistens meine Ruhe. Es wird nichts mehr gesagt an diesem Abend. Lizzi zeigte mir das gemeinsame hochherrschaftliche Badezimmer in Rosé-Porzellan ausgestattet. Die Wasserspülung funktionierte nur leider nicht immer, es war aber dafür ein Eimer Wasser zum Nachspülen aufgestellt, in den man nur vorher nicht hineinfallen durfte. Eine zweite Dusche befand sich wieder einmal unter der Treppe irgendwo. Danach plumpste ich dann in eines der vier Betten. Da an diesem Bett keine Nachttischlampe war, hatte ich einen weiten Weg im Dunkeln vor mir, denn es war ein großes Zimmer. Die Finsternis dauerte nicht lange. Andere Gäste kamen heim. Bei mir wurde es sehr hell, da irgendwo in der Wand, was man vorher infolge eines Vorhangs gar nicht gemerkt hatte, eine Glastür war, durch die das Licht zu mir hereinfiel. Die Spätheimkehrer vergaßen natürlich das Licht auf dem Gang auszumachen und so war auch das Problem mit der Nachttischlampe einigermaßen gelöst, wenn ich mich auch ärgerte. Schließlich schlief ich ein. Ich erwachte an Vogelgezwitscher, stellte fest, daß unter uns ein großer Baumgarten war, es gab allerhand Geblühe und die Bäume hielten den Verkehrslärm ab. Außerdem sah ich das Meer hindurchblitzen und überall war alles voll Sonne, auch war das Zimmer schon schön trocken und warm für die Jahreszeit. Ein großer Tisch mit kostbar spiegelnder Platte stand an der Wand – kurz es war ein echt griechisches Etablissement von zusammengetragenen Sachen, teils kostbar, teils rührend primitiv, z. B. statt eines Schrankes ein spiraliger Ständer, den ich überhaupt nicht beschreiben kann. Ich fühlte mich denkbar wohl, ja nach der ebenfalls original griechischen Jugendherberge auf Santorin, befand ich mich in gehobenem Zustand. Als ich das Haus verlassen wollte, rief mir Lizzi aus ihrem Hof, zu einem Kaffee zu kommen. Ich erinnerte sie, das Zimmer ohne Frühstück gemietet zu haben. Ja, ja, sagte sie, aber bitte kommen Sie, hier! Es war nur ein kleiner Platz neben der Treppe im Freien mit Blick hinein ins Wohnzimmer. Dieses war auch echt griechisch, überladen mit Nippes-Sachen, etwas für Leute mit Nostalgie. Lizzi setzte sich zu mir, indem sie jedoch immer wieder in eine Art Küche rannte, neben der Waschküche. Auch so etwas Improvisiertes. Die Griechen vermieten eben im Sommer, was geht und behelfen sich. Sie brachte nach jedem Gang etwas Gutes mit. Nach dem Kaffee abgekochte Milch, dann Zucker, dann Brot, dann Butter und Honig und nachdem sie mich ein Weilchen ausgefragt hatte, noch ein weiches Ei. Zum Abschluß ein wundervolles süßes Gebäck, so eine Art Anisbrot. Da ich inzwischen satt war, wurde es mir eingepackt. – Diese Lizzi! Sie selbst war das köstlichste an der ganzen Sache. Ich habe auch ein Porträt von ihr geschrieben. Sie war ja eine verheiratete Frau und hatte schon einen erwachsenen Sohn, außerdem im vorderen Teil des Hauses einen Andenkenladen, hauptsächlich mit Porzellan und anderen Sächelchen. Zurückschauend muß ich sagen, sie glich äußerlich einem gewissen Frauenbildnis von Dürer, sie hat es zur Persönlichkeit gebracht. Auch vereinigte sie auf sich Eigenschaften, die wir sonst da und dort auf Personen verteilt finden. So hatte sie viel Gutes und Angenehmes in sich zur Entfaltung gebracht, was sie alles mit einem glänzenden Humor überstrahlte.

Als ich gerade gehen wollte, erschien Marussi am Tor und fast gleichzeitig öffnete sich an dem kleinen Häuschen im Triangel der obere Teil einer massiven Holztüre, so daß dort wie aus einem Fenster ein junger Mann herausschaute. Er grüßte herüber. Die Frauen lächelten zurück. „Aha, Marko ist da", sagten sie und schauten sich bedeutungsvoll an. Im Lauf der drei Tage, die ich dort war, brachte ich heraus, was es mit Marco auf sich hatte. Vor allen Dingen hatte er überhaupt kein Geld. Die Frauen verachteten ihn deshalb nicht, sondern vergingen fast vor Mitleid. Das war auch kein Wunder, er hatte entschieden das ganz gewisse griechische „Etwas", was eben Frauen aller Nationalitäten verrückt macht. So ist einmal, als ich auf der Insel Spätse war, eine Amerikanerin angekommen. Nach einigen Tagen kniete sie vor einem jungen

Griechen nieder und sagte: Ich möchte ein Kind von dir haben. Sie hat es auch tatsächlich bekommen!

Marco nebenan hatte inzwischen auch den unteren Teil seiner Haustüre geöffnet und hing ein Plakat an die Türe. Lizzi und Marussi erklärten mir nun, daß Marco ein sehr guter Silberschmied sei. Er hatte in dem Häuschen eine Werkstatt und einen Laden. Aber das Geschäft ginge zur Zeit sehr schlecht, weil wenig Touristen vorbeikämen. Gestern hätten einige sehr lange den wunderschönen Schmuck besichtigt und seien dann ohne irgend etwas zu kaufen wieder gegangen. So sei es meistens.

Ich glaube die Frauen brachten sogar manchmal Marco etwas zu essen. Am schlimmsten aber war es, daß er als Raucher keine Zigaretten mehr hatte. Er habe eine sehr feine Freundin, eine Studentin auf der Universität in Athen.

Als ich am Abend zurück kam, stattete ich dem Silberschmied einen Besuch ab. Er hatte wunderschöne Auslagen und sehr geschmackvollen, wertvollen Schmuck. Aber wie mir die Frauen mit traurigen Gebärden mitteilten, hatte er fast nichts verkauft und Lizzi war es in ihrem Laden genauso gegangen. Doch war es bei ihr nicht so schlimm, da sie ja noch einen Mann hatte und einige Kurgäste. Übrigens ging sie abends wieder in die Stadt und ließ room room sein. Sehr merkwürdig. Am andern Morgen lud sie mich wieder zum Frühstück ein und reichte mir zum Abschied ihr anisduftendes Küchlein. Als ich am Abend wiederkam, eilten mir beide Frauen aufgeregt entgegen, Marco habe heute ganz viel Schmuck verkauft! Er sei gleich in den Hafen, um Zigaretten zu erstehen und seine Freundin anzurufen. Ich konnte mich nicht genug wundern, zu welch tiefer Anteilnahme die Frauen fähig waren. Sie konnten gar nicht aufhören darüber zu reden. Auch an diesem Abend verschwand meine Lizzi und spielte am Morgen wieder Gastgeberin. Gegen zehn Uhr bezahlte ich mein Zimmer. Sie sagte mir nun, sie hätten es dieses Jahr schwer. Die Zimmer seien teurer geworden, wie eben alles. Obwohl die Preise vom Magistrat festgelegt seien, würden aber die Touristen zwar hier wohnen, aber ihnen nachher einfach nicht so viel Geld geben. Zum Abschied begleiteten mich Lizzi und Marussi mit ihren vier Kindern bis vor an die Straße. Sie konnten ihre Neugier nun nicht mehr bannen und fragten mich, was man in Griechenland immer gefragt wird, und an Prestige verliert, wenn man „nein" sagte. Nämlich: „Sind Sie verheiratet?" Ich sagte deshalb seelenruhig: „Ja". Schließlich wollte ich einen guten Abgang. In diesem Augenblick kam gerade ein großgewachsener Tourist den Berg herauf. Er sah so gut und sympathisch au mit seinen etwa dreißig Jahren, daß er meine Aufmerksamkeit auf sich zog. „Wo ist denn ihr Mann", forschten die zwei inzwischen unerbittlich weiter. „Da kommt er gerade", sagte ich. Sie waren verblüfft und wir schauten gespannt auf den Herankommenden. Als er ohne uns zu beachten vorüberging, sagte Marussi: „Da hast du dir ja einen schönen ausgesucht!" Dann platzten wir alle heraus vor Lachen und ich verabschiedete mich, natürlich mit Kuß und Umarmung. Ich schaute noch zu Marcos Häuschen hinüber. Das war aber dicht versperrt. Er war mit dem ersten Dampfer nach Athen gefahren! So hatte ich zwar von Lizzi Abschied genommen, doch sollte ich sie bald noch einmal wiedersehen und in Erfahrung bringen, wo sie ihre mysteriösen Nächte verbringt. Mit „meinem Mann" aber durfte ich noch eine merkwürdige Reise machen, wo er mir weggeschnappt wurde, nachdem er mich im Morgengrauen zärtlich aufgeweckt hatte.

Jetzt fuhr ich zunächst einmal hundert Kilometer mit dem Bus durch diese großartige Bergwelt von Naxos ins entfernt liegende Dorf Apollonia. Auf welch abenteuerliche Weise hatte ich doch in einem Winter vor vielen Jahren meinen Weg dorthin gesucht. Es dauerte einige Tage bis ich ankam an einem Vollmondabend. Die wenigen Leute, die in den paar Häusern wohnten, waren mehr als erstaunt bei meinem Eintreffen. Aber es brachte sie auch in Hochstimmung, plötzlich einen Gast und Zuschauer zu haben. Es war nämlich zufällig gerade Fastnachtsdienstag, wo sie Apokries feierten. So etwas Einfaches, Originelles kann man sich heute nur noch träumen. Die alte Frau, bei der ich ein Zimmer bekam, und die mir zum Abschied einen selbstgewebten Rucksack schenkte, nahm mich trotz meiner Müdigkeit einfach noch mit hinab an den Strand. Es war vielleicht drei Minuten dorthin. Das Meer schimmerte im Mondschein in der kleinen Bucht, die jenseits von hohen Bergen beschützt eine herrliche Kulisse abgab. Auf der Terrasse einer kleinen Taverne rückte man einen Kreis Stühle zurecht für das Publikum, das etwa aus acht Leuten bestand. Woher sie Musik brachten, ob etwa einer Geige spielt, oder gar einer Vouzuki, oder ob nur ein altes Grammophon tönte, weiß ich heute nicht mehr. Jedenfalls begannen die griechischen Männer zu tanzen. Es waren nicht die verführerischen Jungen wie in den Häfen. Es waren abgerackerte, teils kleine Männer. Sie tanzten vor uns wie Sorbas persönlich. Sie improvisierten phantasievolle Tänze, die oft in Akrobatik übergingen, ja, sie machten Handstände und nahmen zugeworfene Geldstücke mit dem Mund auf. Meine Wirtin freute sich, daß es mir gefiel.

Andern Tags zeigte sie mir unter Felsen im Gestrüpp den dort liegenden zehn Meter langen Apollo. Dort liegt er schon zweieinhalb Jahrtausende unvollendet und manche sagen auch, es sei Dionysos. Dionysos, der die von Theseus verlassene Königstochter Ariadne klagend und weinend am Meer gefunden hatte, sie tröstete und zu seiner Frau machte. Ja, und es heißt in der Sage, die Bauern und Fischer hörten es wehklagen und weinen und als sie herbeieilten sahen sie ein herrliches Mädchen am Strand entlang gehen bis Dionysos kam und ihr seine Lieder vorsang.

Jene Vollmondnacht war also phantastisch gewesen, d. h. es war ja nur ein kurzer Abend, aber unvergeßlich. Mein Rückweg aber über die Insel war genau so romantisch, ja abenteuerlich. So etwas kann es wohl heute nicht mehr geben, denn natürlich verkehrt ja jetzt regelmäßig die Buslinie, Tag und Nacht fahren doch immer mal wieder Autos und Motorräder, wenn auch, Gott sei Dank, nicht viele. Damals also, als ich den Apollo gesehen hatte, wegen dem ich ja nur nach Apollonia gepilgert war, nahm ich Abschied von dem hübschen entlegenen Ort. Ich mußte nun wieder den steilen Berg, über viele hohe Steinstufen hinaufwandern, den ich hergekommen war. Warum ich damals eigentlich erst am Nachmittag aufgebrochen bin, weiß ich nicht mehr. Wahrscheinlich, weil ich mir eine zweite Übernachtung ersparen wollte und ja vorher die alte Statue aufgesucht hatte. Besser wäre es gewesen, ich wäre morgens schon gegangen, denn bis ich den ersten Steilanstieg hinter mir hatte und auf die Fahrstraße kam, fing es bereits an zu dämmern. Ich wollte noch bis zu einem Dorf über der Bergeshöhe, wo es wieder zum Hafenort hinabging, weil dort allein wieder die ersten Übernachtungsmöglichkeiten waren. Damals allerdings kam es auch vor, daß die griechischen Familien einen einfach mit sich nach Hause nahmen zum Übernachten, auch wenn sie nicht darauf eingerichtet waren. Das war jedoch höchst selten und man hätte nicht darauf bauen können. Ich wollte also noch Apiranthos erreichen. Es war Ende Februar und wurde bald Nacht. Diese Winterabende sind in Griechenland voll Weichheit und noch mehr Reinheit. Wie allmählich die Abendfärbung eintritt und nach Sonnenuntergang noch langte anhält, während schon die ersten Sterne aufleuchten, der Atem der Erde und das Bewußtsein des allgegenwärtigen Meeres, das muß man erlebt haben, man kann es nicht wahrlich schildern. Ich kam durch einige kleine Ortschaften, die sich an der Straße hinzogen. Es war Feierabendstimmung auf ganz, ganz einfache Art, wie ich es aus meiner Kindheit im Schurwald gewöhnt war. Da und dort wurde ein Laden geschlossen, ein paar Hühner heimgescheucht, ein Hund an die Kette gelegt, die ersten Lichter in den Fenstern erhellt und die Kinder heimgerufen. Für einen, der einsam vorüberwandert, ist sogar das ein ergreifendes Erlebnis. Das Heimelige, das von menschlichen Behausungen am Abend ausgeht ist, dort in der einsamen Inselbergwelt noch stärker als sonst. Im zweiten Dorf trat eine Frau vor ihr Haus und rief mich hinein. Es war angenehm warm in ihrer großen Küche. Zwei Kinder staunten mich an. Sie bat mich Platz zu nehmen, machte mir eine Milch heiß, wahrscheinlich war es Ziegenilch, und gab mir zwei Marmeladenbrote. Es war ein köstlicher Schmaus. Ich konnte mit ihr meinen weiteren Weg besprechen. Sie sagte mir, daß es natürlich noch sehr weit sei bis Apiranthos, aber vielleicht habe ich Glück, daß noch ein Auto käme, die würden allemal die Fußgänger auflesen am Abend.

So wanderte ich denn weiter. Von Unsicherheiten und Verbrechen war damals noch nicht die Rede, man brauchte keine Angst zu haben, obwohl die meisten Leute vielleicht doch nicht gewagt hätten, so einsam durch die Nacht zu gehen. Es kann auch sein, daß ich es wegen des Schiffs gemacht habe, denn damals, besonders im Winter, fuhren nicht täglich Schiffe. Ich glaube sogar, so war es. Die Straße führte in endlosen Serpentinen aufwärts. Die Dörfer unter mir, in ihrer spärlichen Beleuchtung, lagen wie Lichternetze in der tiefdunklen Nacht auf dem Grund ihrer Täler. Doch blieben sie ein ständiger Trost und natürlich auch Orientierung. Allmählich kam stärkerer Wind auf. Wolkenfetzen jagten über den Himmel und verdeckten die Sterne und selbst den Mond, der allmählich aufging. Von Kind auf an weite Wege zu Fuß und sogar an Nachtwanderungen gewöhnt, die wir Kinder manchmal einsam machen mußten, wenn wir zum Beispiel vom Zahnarzt kamen aus Schorndorf oder Winterbach, fand ich nichts befremdliches dabei. Doch wie der Wind sich zum Sturm steigerte, die Straße ab und zu ein Stück durch einen finsteren Wald führte, die alten Felsblöcke wie pechschwarze Gespenster auf ihren Höhen standen, da fühlte ich das ganz Andere dieser Landschaft. Gerade Naxos hat in seiner Bergwelt etwas Geheimnisvolles, eine stark geistige Komponente. Ab und zu blieb ich ermüdet stehen, blickte zurück in die Lichtergründe und lauschte dem fernen Meer.

Plötzlich aber erloschen die Lichterketten im Tal, doch nur eine Sekunde, dann leuchteten sie wieder auf, gingen aus und an. Es sah wundervoll aus und war doch angsterregend. Ich mußte mir sagen, daß der Sturm einen Kurzschluß hervorrief, doch was nützte mir das, es war stockdunkel. Bald waren die Lichtunterbrechungen länger und schließlich blieb es ganz dunkel. Nun war ich ganz auf mich gestellt. Ich wanderte rasch empor, daß mir der Schweiß ausbrach. Es war schrecklich und großartig zugleich, so einsam in den fremden Bergen einer Insel. Es dauerte vielleicht zwanzig Minuten, dann kamen die Lichter wieder. Ich atmete auf und genoß von Neuem den herrlichen Anblick. Wie weit mußte ich denn noch steigen? Plötzlich hörte ich einen Motor unter mir! Es dauerte noch zehn Minuten, während derer ich auch Lichtspuren von Scheinwerfern sah. Es schien also ein Auto zu kommen. Ich würde den Rat der Frau befolgen und winken. Und richtig, sie hielten! Sie waren sehr erstaunt eine Ausländerin zu finden, so allein mitten in der Nacht und im Winter. Sie machten Platz, den Platz gibt es in den Mittelmeerländern immer noch in einem Auto, sie überladen, wenn es sein muß, um das Doppelte und Dreifache. Es saßen aber nur drei Leute drin. Ich kam auf den Rücksitz. Wir konnten uns nicht lange unterhalten, dann waren wir schon in Apiranthos. Da sie noch weiterfuhren, ließen sie mich gleich am Ortseingang aussteigen.

War es nicht wunderbar, endlich da zu sein? Schließlich sind solche abenteuerlichen Wanderungen ja immer wie eine Story mit happy end! Und was für ein happy end es war! Eine unvergeßlich schöne Nacht folgte. Ich war so müde und erschöpft, daß ich nichts wünschte, als ein Bett und einen langen Schlaf. Es kam aber ganz anders. Als der PKW wieder davonfuhr, hatte er mit seinem Motorengeräusch bereits Neugierige angelockt. Ich sah durch die Nacht, daß ich vor ein paar alten, hohen Häusern stand. Sie waren nicht erleuchtet, aber von einem hellen Balkon herab hörte ich eine Stimme. Als gerade der Mond hinter den Wolken hervorkam, erkannte ich einen blonden, großen jungen Mann. Er entpuppte sich als schwedischer Tourist. Als er hörte, daß ich ein Zimmer suche, sagte er: „Moment mal" und verschwand. Ich drückte nun beide Daumen, daß er etwas wüßte und ich unverzüglich mein Haupt zur Ruhe betten könnte. Schließlich war ich damals auch schon mehr als fünfzig Jahre alt. Ein paar bange Minuten, dann erschien er unten an der Haustür. Er war ein auffallend schöner nordischer Typ, ein Student. Er nahm mich nun mit ins Haus, stellte mich der Hausbesitzerin Martha vor, einer etwa vierzigjährigen Griechin, wir besprachen die Lage und sie meinte, wenn ich keine weiteren Ansprüche stelle, könne ich bleiben. Ich war so erschöpft, daß mir alles recht war und ich auch nicht mehr nach dem Preis fragte. Ich wollte nur schnell ins Bett. Schließlich hatte auch der durchgemachte Schreck mich geschwächt. Sie führten mich in eine nette Kammer. Auf dem Bett lagen diese ganz groben selbstgewebten Wolldecken, wie man sie in solchen Bergdörfern hat. Irgendwo stand eine Waschschüssel und ein Krug. Doch ließen mich die beiden nicht einfach verschwinden, sondern ich mußte noch in ein großes rechteckiges Wohnzimmer kommen. Dort brannte prasselnd ein Kaminfeuer und verbreitete Wärme. Als ich mich da erst einmal auf einer der Liegebänke ausgestreckt hatte, dachte ich gar nicht mehr an mein Bett. Martha brachte Feta, den würzigen Schafskäse, Bergmilch, Brot und bald duftete es nach Omelett, das mit feinen Kräutern angerichtet war, Sven, der Schwede half ihr servieren. Bald saßen wir so zu dritt am Kamin. Der Sturm draußen war jetzt eine vertrauliche Musik, den man, im Zimmer geborgen, gerne ums Haus sausen hörte. Als der Mond durch die Wolken brach, gingen wir einmal auf die Terrasse hinaus und ich sah, wie sich das Dorf mit seinen flachen Dächern den Hang hinabzog, als wolle es auf der jenseitigen Seite zum Meer hinabwandern. Es waren Häuser mit ganz besonderen Holzaltanen, die ins Gemäuer eingelassen waren und dem Ganzen einen verwegenen Charakter gaben.

„Und so sind auch die Menschen hier," begann Sven. Er konnte gar nicht aufhören, mir zu erzählen, ja, er war sichtlich verliebt in dieses griechische Dorf und freute sich nun in mir einen aufmerksamen Zuhörer zu haben. Es schien aber auch, daß er nicht nur in das Dorf vernarrt war, sondern auch in Martha, das alte, sitzengebliebene Mädchen. Er schilderte mir ihr Los als beklagenswert bei dem sehr strengen Sittenkodex für die Frauen, vor allem für die ledigen Mädchen. Er befand sich in einem Stadium, das jeder Reisende am Anfang in einem fremden Land durchmacht, man ist von allem, einfach von allem, begeistert. Diese seine Begeisterung mußte ich nun mitmachen. Ich lebte schon länger in Griechenland, war schon etwas ernüchtert, doch war ja die schöne Vollmondnacht dazu angetan, das Unerwartete, die herrliche Gegend, meine Müdigkeit einfach zu vergessen und kein Spielverderber zu sein. Nach dem Nachtessen überredete uns Sven noch mitzukommen in die Dorfkneipe. Martha lehnte es ganz strikt als unmöglich ab. Ich ging schließlich mit. Unterwegs durch hübsche gewundene Gassen, deren weiße Steinplatten im Mondlicht leuchteten, sagte er mir, hier sei es deshalb so interessant, weil die Einwohner alle von Kreta stammten. Die Kreter, ja ein ganz anderer alter Volksstamm, der sich durch eine intensiveres Lebensgefühl auszeichnet und eben sehr leidenschaftlich ist. Sie hatten auch ganz andere Sitten. Er sei selbst eine Nacht lang mit bei einer Leichenwache gewesen, wo sie die ganze Nacht zu Füßen des Toten Karten spielten und Wein tranken, Hauptsache, der verehrte Tote war nicht allein gelassen. Mir wurde es ein wenig bang bei dieser Erzählung.

Zuerst, sagte Sven, müssen wir aber noch einen Besuch machen. Haben Sie keine Angst, wenn auch die Polizei das nicht will. Aber ich bin ein freier Ausländer, ich lasse mich nicht gängeln von dieser Junta. Wir besuchen jetzt, wenn Sie mitkommen wollen, den Major und seine Frau, sie müssen hier im Exil leben, die neue Regierung hat sie hierher verbannt. Sie haben ein Haus zur Verfügung, aber sie müssen sich jeden Tag bei der Polizei melden, und der Major darf den Ort nicht verlassen. Mir war damals alles noch nicht so recht klar, d. h. eigentlich nie. Erst nach dem alles vorbei war. Es war wie im dritten Reich, man erfuhr nichts und wußte nichts. Ich war noch nicht lang in Griechenland, sprach die Sprache noch nicht, wurde als Ausländerin sehr höflich behandelt und ich kümmerte mich auch nicht um Politik. Sven schien da tiefere Einblicke zu haben. Jedenfalls erfuhr ich erst viel später auf der Insel Astypalaia, daß diese Politiker, die ja Gefangene waren auf den Inseln, nicht mit Ausländern verkehren durften. Auf Naxos wußte ich das noch nicht und wahrscheinlich wurde das damals auch noch nicht so streng gehandhabt wie wohl später. Als wir durch allerhand alte Gassen gingen, erzählte mir Sven noch von dem Major und wie nett dieses verbannte Ehepaar sei. Wirklich, als wir dann in die Wohnung eintraten, atmete ich auch befreit auf. Es war ein kultiviertes Zimmer mit schönen und vielen Büchern und es war angenehm warm geheizt. Die Männer spielten gleich Schach und ich, nach einer kleinen Unterhaltung mit der Dame, bekam ein Buch über Naxos. Es war eine Neuausgabe, Archäologie. Dort las ich dann erstmalig genau, wie die Fischer einst die schöne Ariadne hatten weinen und klagen hören und als sie herbeieilten, sahen sie einen schönen Jüngling, nämlich Dionysos mit einem herrlichen Mädchen am Strand entlang gehen. Ihre langen Haare wehten im Wind. Mich berührte dieser Buchtext sehr stark. Die Mythologie, Jahrtausende alt, war in dieser Nacht plötzlich ganz gegenwärtig, ganz nah. Der Major und seine Frau waren aristokratische, gebildete Menschen und es war bewundernswert, wie sie sich in ihr Schicksal ohne Klagen fügten. Nach vielen Jahren sind sie ja dann befreit worden. Wir, Sven und ich, blieben etwa eine Stunde dort und verabschiedeten uns dann sehr herzlich.

Nun nahm mich also Sven noch mit in die Taverne. Ich hatte dazu keine Lust, wollte aber, wie gesagt, kein Spielverderber sein. Das ganze Lokal war voll fast schwarz gekleideter einfacher Bergbauern, die gemütlich ihre Pfeifen rauchten, mit ihren kleinen Perlkettchen spielten, sich unterhielten und Brettspiele machten, oder Karten spielten. Frauen waren nur die Bedienungen dort. Sven sagte mir, du kannst dir etwas einbilden, daß du mit mir als einzige Frau hier herein kannst, sie würden es im allgemeinen nicht dulden. Davon war ich nicht so fest überzeugt und es war mir auch egal. Wir setzten uns. Sven bekam öfters einen Ouzo, einen kleinen Schnaps gespendet. Das machte ihn ungemein glücklich. Er zählte sogar die Schnäpse und nannte beim Heimkommen Martha ihre Anzahl. Natürlich revanchierte er sich auch. Es war wirklich eine besondere Atmosphäre dort, die ja schon durch die Einsamkeit in den Bergen, den Sturm draußen und die ganze noch winterliche Jahreszeit gegeben war. Es ergab sich so ein konzentriertes Lebensgefühl, ein ganz einfaches Glück zu leben und dabei zu sein. Irgendwie mußte es schon spät gewesen sein. Plötzlich hörte das Gemurmel im Lokal auf, es wurde totenstill, ich wußte zuerst gar nicht was los war. Sven flüsterte mir zu, es sei Polizeistunde. Ich wußte nicht, daß es damals nächtliche Verhaftungen mit anschließendem Verhör gab. Ich erhob mich, wenn doch Polizeistunde war, um zu gehen. Als ich mich umdrehte, platzte ich direkt auf einen Polizisten. Er war klein, hatte genau die gleiche Größe wie ich, er war in Uniform, schmal und ganz bleich. Er ging nicht zur Seite und ich stand ihm ganz dicht vis à vis. Er war fast wie eine Totenmaske von tierischem Ernst. Es war einfach zuviel für mich und da er mich sowieso fast berührte, knallte ich ihm einen Kuß auf. Es erhob sich ein lautes Freudengebrüll! Wir räumten dann das Lokal. Ich glaube, es war elf Uhr abends.

Sven und ich wanderten über den kleinen Marktplatz an der Kapelle vorbei. Er sagte, ob ich mitkomme in ein Privathaus, sie wollten uns noch auf dem Vouzuki vorspielen. Es war schrecklich schade, ich konnte einfach nicht mehr. Sven sagte, ich beleidige dann die Leute und wenn ich da überhaupt abschlagen könne, habe ich kein Verständnis für diese Menschen. Mag sein, aber ich war dazu einfach zu alt, die ganze Nacht durchzumachen. Das passierte mir manchmal auf meinen Reisen, überhaupt auch heute, wo ich siebzig und zwanzig Jahre älter bin, ich finde bei den Jungen nicht immer Verständnis, wenn das Nachtleben mir zuviel ist. Sehr, sehr lieb aber ist es, daß sie mich immer wieder mal einladen! Erlebe ich das Gegenteil und das ist Gott sei Dank ganz ganz selten, dann ist das ein scheußliches Erlebnis. Als ich hart blieb, ging Sven mit mir heim. Wir hatten aber doch auch noch ein besonderes Erlebnis. Er sprang geschwind ins Haus hinauf und holte eine kupferne Kanne. Wir gingen zu einem Nebenhaus, das ganz nieder war, auf dessen flachem Dach ragten merkwürdige große Vasen aus dem Boden. Sven öffnete etwas und brachte eine riesige Weinflasche heraus mit einem dicken Bauch. Es war eine richtige Amphora aus Ton. Darin war dunkler roter Wein, den er in die Kupferkanne füllte. Über uns schienen die Sterne, der Mond war schon hinter dem Berg verschwunden. Sven hob sich die Kanne an den Mund und indem er sich den roten Wein in den Mund träufelte, sagt er: „O, das ist Leben, siehst du das ist Leben!"

Wirklich, es war eine wundervolle Nacht. Wir saßen dann noch mit Martha am Kamin, d. h. wir lagen auf Bänken und der Morgen graute schon fast, als wir zu Bett gingen. Wir mußten aber sehr früh wieder aufstehen. Sven hatte ein Auto, er versprach, mich zum Schiff zu bringen. Wir fuhren am Haus des Majors vorbei und holten seine Frau ab, die auch nach Athen wollte. Nur ihr Mann war interniert. Sie sagte zu Sven, als sie ins Auto stieg: „O Sven, Sie sind großartig, daß Sie das wagen. Wir werden es Ihnen nie, niemals vergessen, was Sie für uns tun." In riesigen Serpentinen ging es nun talabwärts. Es war eine der schönsten Fahrten meines Lebens. Der vollkommen reine Morgenhimmel im Frührot. Unter uns Zypressen und Ölbäume und bald die malerischen Dächer von Eiloti mit seiner Zeusgrotte. Später in der Ebene von haushohem Schilf gesäumte Straßen. Schließlich Naxos, das Meer, der Hafen. Das alles war also vor vielen, vielen Jahren gewesen und jetzt kam ich wieder und zwar mit dem Bus in Apollonia an. Und wieder war alles anders als früher. Als ich aus der Staubwolke des zurückfahrenden Busses auftauchte, stand ich in glühender Mittagshitze und wußte nicht so recht, wo ich mich hinwenden sollte, bis ein junger Engländer kam. Er deutete über die Bucht, dort sei ein sehr preiswertes, ein sehr ruhiges neues Hotel. Ich sah einen modernen Kasten, der in schmutzigem Grau gestrichen war, als sei er getarnt. Als ich dort hinkam, hatte ich großes Glück. Da das Hotel noch teilweise im Bau war und noch gar nicht bekannt war, bekam ich für etwa 8,- DM ein ganzes Appartement. Der Balkon ging aufs Meer hinaus, ich hatte ein Schrankvorzimmer, weiter ein schönes Zimmer mit einem holzgedrehten Bett, alles neu und sauber und natürlich ein Badezimmer mit Toilette! Was aber noch das Beste war, sie hatten deutsche Bücher und ich fand nach fast vier Wochen endlich wieder Lektüre. Da begann für mich ein herrliches Leben.

Es waren auch ein paar deutsche Krankenschwestern dort. Einige junge Touristen, die vorher unter meinem Fenster am Strand genächtigt hatten, zogen auch ins Hotel, als sie den billigen Preis erfuhren, denn es kostete für zwei Personen gleichviel zusammen wie für eine allein. – Gleich am andern Morgen wanderte ich zu dem Kouros, der antiken Statue, hinauf. Nun ging es nicht mehr über Stock und Stein, eine Autostraße mit Wendeplatte und Parkplatz ging bis unmittelbar unterhalb, von dort dann führte eine steile Treppe mit bequemen Stufen hinauf zu dem liegenden Götterjüngling. Ich begrüßte ihn und legte mich dann in seinen Fuss! Einer der beiden war nämlich nicht fertig geworden, er bildet jetzt ein Hohl, wie eine Wiege. Wenn ich allein dort oben war, schmiegte ich mich in den sonnenwarmen Stein, streckte meine Beine auf dem Schienbein des alten Kouros aus und hörte so den Wind sausen und das Meer rauschen. Man muß sich ja vorstellen, daß dieser Apoll 10 m lang bzw. hoch ist. Einmal haben mich belgische Touristen, in seinen Fuß gekuschelt, fotografiert und mir ein Foto zugesandt. Hinter unserem Hotel befand sich eine Gartenwildnis mit riesigen Melonen und Zitronenbäume voll goldgelber Früchte, ein Bach führte zu einem Wäldchen empor. Es gab kleine Brücken und viele Ziegen. Gleich hinter dem Garten stieg steil die Bergwand auf. Das Buch, das ich las, war von Paton und spielt in Afrika. Ein berühmtes Buch, das ich aber noch nicht kannte. Dort in der Stille und Ruhe wurde es mir ein tief befriedigendes Erlebnis, es zu lesen. So war alles so schön, wie es wohl gar nicht bleiben konnte und sollte.

Es geschah etwas Aufregendes. Ich schlief im obersten, im zweiten Stock. In der Mitte des ersten Stockes hatte der Patron, wie man dort sagt, eine große Wohnküche mit einem riesigen, runden Tisch. Dort wurde jeden Abend bis tief in die Nacht hinein getafelt. Es gab wundervolles Essen. Frisch gebratene Fische, die der Patron und sein Sohn selbst gefischt hatten, Pommes Frites von Kartoffeln aus ihrem Garten, von dort auch Früchte und Wein und Oliven. Eigentlich war jeder an dieser Runde willkommen und eingeladen, die Hausgäste und einige Griechen waren immer dabei, auch Verwandte des Patrons. Als ich das zweite Mal dabei war, es war noch früh am Abend, war ich die einzige Frau. Mir gegenüber saß ein junger Moslem. Der Patron unterhielt sich lebhaft und lustig wie immer und zwar mit dem Mohammedaner. Plötzlich glitt das Gespräch ab. Die zwei unterhielten sich in einer eindeutig schlechten Art über ein bestimmtes Mädchen, das gar nicht anwesend war, so daß es bei mir funkte. Wie ist es in so einem Fall, wenn man Gast ist? Verletzt man die Gastfreundschaft, wenn man etwas sagt? Es war ein kurzer Kampf in mir und dann sagte ich: „Vergessen Sie nicht, daß hier eine Frau mit am Tisch sitzt. Sprechen Sie also nicht in dieser Art über ein Mädchen." Das wirkte wie eine Bombe. Der Moslem bekam einen Wutanfall, daß eine Frau überhaupt wagte, den Mund aufzumachen, und auch noch, ihn zurechtzuweisen. Die meisten waren über mich empört, doch der Patron lenkte ein. Sie hätten das nicht so gemeint usw. Ich sagte, na ja, dann ist es ja gut. Der Moslem brach wenige Minuten später auf und ich sah, daß er Abschied nahm, um abzureisen. Da tat es mir nun leid, daß ich ihm die letzten Augenblicke verdorben hatte. Ich sagte ihm das und die Sache war eigentlich vorbei. Doch fühlte ich mich nicht mehr so wohl, wie vorher und reiste auch bald darauf ab. Ich hatte danach jedoch immerzu Sehnsucht nach diesem Hotel und dem kleinen Ort Apollonia, weil es so ruhig war. Zudem hatte mir der Sohn erzählt, daß es nicht so langweilig bleiben würde, bis spätestens in nächsten Jahr (1984) hätten sie in jedes Zimmer Radio und Lautsprecher installiert! Da wußte ich, daß es nie mehr so sein würde in Apollonia.

Als ich nach vier Wochen zurückkam, fragte ich deshalb nochmals bei ihnen an, aber inzwischen hatten sie sehr hohe Sommerpreise und waren fast ausgebucht. Die Saison hatte begonnen, mein Zimmer war nicht frei und es kam nicht mehr in Frage für mich.

4. 10. 1984

Auch heute ein Sonntag, und leicht über Hellas zu schreiben, ich meine ein Sonnentag (nicht Sonntag!). Ehe ich Naxos verließ, machte ich noch ein paar Ausflüge auf der Insel. Mir fehlen die Worte, die Bergwelt von Naxos zu beschreiben. Obwohl viele der heiligsten Stellen durch Parkplätze zerstört sind, ist noch viel von dem besonderen Fluidum zu spüren, das Naxos einmal gehabt hat. In jenen früheren Jahren, als ich die Insel durchwanderte, war ich sehr, sehr arm und ich möchte fast sagen, der Arme ist dem Herzen der Welt näher, als die andern. Ja, sogar wenn er wohlhabender wird, es sich in vielem bequemer machen kann, verschließt sich vor ihm selbst seine eigene frühere Erfahrung. Wie ein Kleinod ruht sie auf dem Grund seiner Seele, von dem man wohl weiß und doch den Schatz nicht mehr heben kann. So geht es mir mit meinen Wanderungen über Naxos.

Mein Schiff nach Amorgos sollte abends um neun Uhr gehen. Eine Nachtfahrt durch die Ägäis. Ich bummelte noch durch die Stadt. Es ist unvorstellbar, wieviel Läden mit Souvenirs es gibt. Oft in einem Haus gleich mehrere. Ein Händler sprach mich an. Er zeigte mir seine handgewebten Teppiche, Kleider, bestickte Blusen, Kopftücher usw. Ja, er nötigte mich, in den Laden einzutreten. Es war ein weit in die Tiefe reichender Raum mit Tonnengewölbe und ganz vollgepfropft mit Waren, daß man kaum atmen konnte. Und so ging es Haus für Haus. Wenn ich da an das frühere, einfache Naxos denke! „Nun", sagte der Händler, „gefällt Ihnen das?" „Erlauben Sie eine Frage", sagte ich. „Aber bitte!" „Sollen all das die Touristen kaufen?" „Nein", sagte er schlagfertig, „wir sind schon froh, wenn wir die Hälfte loswerden!" Es waren inzwischen warme, angenehme Juninächte. Unter den Platanen am Hauptplatz leistete ich mir endlich den ersehnten großen Eisbecher mit Sahne. Da es das Teuerste auf der Karte war, kam der Chef persönlich herbei und verneigte sich vor mir. Endlich war es Zeit, in den Hafen zu gehen. Unterwegs traf ich noch ein paar nette Krankenschwestern. In jenem Jahr waren so viele unterwegs aus aller Herren Länder, aber am meisten aus Deutschland und Australien. Ich kann sie gar nicht vergessen. Einerseits hatten sie ihr Berufsethos ganz abgelegt und gaben sich besonders fröhlich und unbeschwert, andrerseits gingen sie aber in diesen über schäumenden Unterhaltungen besonders behutsam mit einem um, so daß man wirklich wie geheilt und neu daraus hervorging. Mit einem Wort, famose Menschen. Anschließend holte ich mein Gepäck und begab mich auf den Weg. Am Ende der Hauptstraße, nicht weit von der antiken Marmortür, die durch die Nacht herüberschimmerte, mußte ich links abbiegen. Es war schön zum Meer hinauszugehen, nur war es nicht leicht. Die Beleuchtung mußte defekt sein! Je schmaler die Zufahrt wurde – bald war links und rechts nur noch Meer – um so dunkler wurde es. Dabei rasten ab und zu Taxis, Motorräder und Fahrräder vorbei, einige waren unbeleuchtet. Es gab auch Schlaglöcher, in die ich hineintappte. Die Naxianer sind ja auch für ihre Großzügigkeit bekannt. Schließlich stolperte ich gegen einen Schlagbaum, an dem ein Schiffsjunge stand. Das Schiff, der Piroscafo, wie das auf griechisch heißt, habe Verspätung, wegen stürmischer See. Was das heißt wußte ich schon und richtete mich auf eine lange Wartezeit ein. In dem weitläufigen Hafengelände entdeckte ich bald ein kleines Haus. Es war offen, vielleicht sogar ein Warteraum. Ich war erst einmal geschützt vor dem Wind und machte mir's gemütlich. Platz hatte ich genug, es war ganz leer und unbeleuchtet. Vorne war etwas wie ein Schalter oder vielleicht eine Theke. Die Luft war schlecht. Ich öffnete ein Fenster. Da erblickte ich am Boden ein paar Touristen, die neben ihren Rucksäcken kauerten. Wir wechselten einige Worte und ich ging hinaus. Es waren zwei Schwedinnen und gleich wieder mußte ich, als etwas Unerreichbares für mich, an den hohen Norden denken. Die beiden waren ganz jung, vorschriftsmäßig blond und hübsch. Die eine allerdings weit mehr als die andere. Ein deutscher Jüngling tauchte aus dem Dunkel auf. Er sprach hochdeutsch und war sehr freundlich. Ich zog mich wieder in mein windgeschütztes Haus zurück und unterhielt mich durchs Fenster mit ihnen. Mit sausendem Wind, hart anschlagenden Wellen, aufblitzenden Lichtern irgendwo verging ein wenig Zeit bis es plötzlich zwei große Überraschungen gab. Eigentlich nur für mich. Eilenden Schrittes betrat eine gut gebaute Frau – ihr Gesicht konnte man in der Dunkelheit nicht sehen – den Raum. Sie ging an die Theke und bald hörte ich Geld klimpern. Sie zündete ein Streichholz an. „Kyria Lizzi!" rief ich. Sie war genau so erstaunt und erfreut wie ich, als wir uns erkannten. Ich erzählte ihr kurz meine Abenteuer in A. „Macht nichts, den birasche," sagte sie zu mir, „fahr nur jetzt auf eine andere Insel! Da hast du recht, Amorgos ist billiger." Wie leichtlebig und aufmunternd sie sich geben konnte! Es stellte sich heraus, daß ich im Kafenion ihres Mannes saß. Ein kleines Hafencafé, wo sie ihrem Mann helfend viele Nächte verbringt. „Heute arbeiten wir nicht," sagte sie, „ich wollte gerade abschließen. Aber jetzt lasse ich offen für dich. Es wird noch kälter und vielleicht müßt ihr noch lange warten." Ich begleitete sie ein Stück zurück, als plötzlich aus dem Dunkel vor uns eine Gestalt auftauchte. „Lizzi", rief ich noch einmal, „da kommt ja mein Mann!" Es war der Tourist, den ich damals bei meinem Abschied im Scherz meinen Mann genannt hatte. Wir konnten uns kaum fassen vor Spaß. Der Unbekannte, der keine Ahnung hatte, um was es ging, wendete sich uns zu. Wir erzählten ihm die Geschichte und er ging auf den Spaß ein. Er war an diesem Abend eine lustige Haut. Er entpuppte sich als Staatsanwalt, was uns natürlich mächtig imponierte. Er war übrigens nicht der erste Staatsanwalt, den ich auf diese Art kennen lernte. Ein ganz ähnlich leutseliger Wanderer war einmal in der Jugendherberge in Bari mit seinem Fahrrad. Jedenfalls brachte Fred, wie er hieß, jetzt ganz neuen Schwung in die Gruppe der Wartenden. Sie gingen erst mal zusammen in die Stadt und kamen mit einer Flasche Wein zurück. Diese machte dann die Runde und bald waren wir eine richtig fröhliche Clique. Es ist eine schöne Erinnerung, das Warten in dem nächtlichen Hafen von Naxos in der lauen Sommernacht. Fred, der einen Zeitungsartikel aus der Tasche zog, las daraus von einer ganz unbekannten Insel vor, dort wollte er hin. Er geriet aber mit fortschreitender Nacht mehr und mehr unter den allgemeinen Einfluß, daß man nämlich nach Amorgos ging. Die Schwedinnen wollten später weiter in die Türkei. Als das Schiff endlich nach Mitternacht kam, waren wir durchfroren und müde. Wenn ich an die Touristenklasse verflossener Jahre denke, Katastroma hieß das, an dieses Ghetto auf den Dampfern – und ich erwartete so etwas, dann kann ich nur sagen: „Freut euch trotz allem über die neue Zeit und den starken Tourismus." Wir durften nämlich nun in einen herrlich warmen, komfortablen Salon hineinströmen, und da er fast leer war, konnte sich jeder gleich auf einem weichgepolsterten Sofa ausstrecken und schlafen! Gegen vier Uhr morgens kamen wir nach **Amorgos**.

Amorgos, 3. Juni 1983
Auf himmlischen Bergen liege ich
Eingebettet zwischen blauen Gewässern.
Soweit ich blicken kann, Berge, Ozean, Meer,
Mit des Himmels Bläue vereint und der strahlenden Sonne!
So liege ich eingewiegt vom sausenden Wind und dem rauschenden Meere
Tief unter mir.
Stille, tiefe unausschöpfbare Stille, beruhigt meine Sinne.
Und ein grünblaues Meer stillet die Sehnsucht.
Mein Wesen dehnt weit sich ins All, fliegt dahin und dorthin,
Zu Inseln, meerumspülten, von Wellen liebkoset, von Winden gepeitscht
und geschlagen.
Da ist Astypaläa, die Tafel der Götter einst genannt.

Delos ahne ich in der Ferne, an diamantene Säulen gekettet.
Santorin mit feurigen dunklen Augen.
Daneben das lächelnde Ios und das erhabene Naxos mit seinen uralten
Götterstatuen und dem herrlichsten aller Tore,
Schlicht vor der Stadt auf dem Hügel.
Und die vielen anderen, die ich sah und erlebte und liebe,
Kinder des Meeres, dem Schoß der Tiefe entstiegen.
Eure Menschen wissen mehr als wir anderen!

Amorgos 5. Juni 1983.

Aus der Geschichte Gerasimo und Stia: »Das tiefblaue Meer bewegte sich nur leicht wie ein Kornfeld im Sommerwind. Es schien von einer unendlich großen Samtdecke überzogen, die von unten her sanft aufgebläht wurde. Es hob und senkte sich, ohne eine einzige Welle zu schlagen. Es bewegte sich sacht, keine Schaumkrone unterbrach die azurne Weite. Nur in der Höhe und Tiefe veränderte sich seine Farbe, so daß Stia nur immer schauen konnte und schauen. Unendliche Sehnsucht löste sich und gebar sich neu. Ihre Brust weitete sich und es verlangte sie, sich der kühlenden Brandung entgegenzustürzen. Doch zu spät für Stia. Es ging nicht mehr. Zu weit unten das Meer und zu kalt für ihr müdes Blut. – Früher, ja früher! Aber hatte sie's da schon empfunden? Nein, nein. Das Alter, das war's. Das Alter steigerte noch tausendmal das Sehen und Erlebenkönnen. „Wie gut, daß ich alles noch kann!"«

Dies also ist ein Teil der Geschichte von der Begegnung des alten Abtes Gerasimo auf Amorgos und einer alternden Frau Stia. Sie fiel mir dort auf Amorgos ein, als ich das alte Kloster so verwegen an den Felsabstürzen über dem Meer hängen sah. Stia und Gerasimo begegnen einander auf dem Weg zum Meer. Der Abt lädt die Dame in das wundervolle Klostergärtchen ein, wo auch ein paar Palmen stehen. In langen Gesprächen entdecken sie eine Seelenverwandtschaft, trotz ganz verschiedener Schicksale, die hinter ihnen liegen. Sie scheiden als Freunde.

Nun aber zurück auf das Schiff, das morgens kurz vor Sonnenaufgang von Naxos kommend in Amorgos mit drei Stunden Verspätung einlief.

Der Staatsanwalt weckte uns einen nach dem anderen auf ganz feine zarte Weise. Die hübsche Schwedin mußte allerdings zuerst aufstehen, denn sie hatte schon bald nach Naxos ihren Kopf einfach in den Schoß des Staatsanwalts gelegt und so die Nacht verbracht. Ich war sehr schläfrig und sprach nicht viel, auch wollte ich den jungen Leuten nicht mein besseres Wissen aufdrängen. Ich war nämlich vor vielen Jahren schon zweimal kurz auf Amorgos gewesen und hatte die feste Absicht, so schnell wie möglich zur Chora hinaufzufahren. Allerdings glaubten wir alle, daß so mitten in der Nacht und mit drei Stunden Verspätung auf Amorgos, wohl alles geschlossen wäre. Uns war es himmelangst, in der Morgenkälte weitere Stunden im Freien verbringen zu müssen. Rückwirkend sind solche Erinnerungen immer sehr lustig, aber wenn man es direkt vor sich hat, um so weniger.

Mit dem üblichen fürchterlichen Gerassel legte das Schiff an und ließ seine Riesenklappe herab, die nun die Landebrücke bildete. Als ich mich hinausgedrängt hatte, war wieder einmal alles ganz anders als vor 15 Jahren, so daß ich überhaupt nicht wußte, wo ich war. Auf unsere übrige kleine Gruppe kamen zwei dicke griechische Frauen mit festgebundenen Kopftüchern zu und jede wollte nun möglichst viele Fische zur Übernachtung angeln. Sie riefen auch mir zu. Ich rannte nämlich hin und her. Der Hafen, der ja nur in einer schmalen Straße vor einer langen Häuserfront bestand, war fast dunkel und ich konnte keinen Bus sehen. Da ich fürchtete, ich könnte ihn verpassen, oder er sei vielleicht überhaupt nicht da, rief ich ihnen zu „Oben im Dorf ist es doch viel schöner!" Und kaum gehört, verschwanden sie schon in einer dunklen Nebengasse mit der Dickeren der beiden Frauen. Sie hatten es sichtlich eilig, in ein Bett zu kommen. Was wurde nun aus mir? Der Hafen hatte sich geleert. Ich war fast allein mit dem Meer. Da plötzlich sah ich doch noch so etwas wie einen Omnibus, ein größeres, nicht erleuchtetes Vehikel. Als ich dort ankam, traf aus der andern Richtung, nämlich aus einer Bar, wie ich jetzt sah, der Chauffeur ein. Einer jener kleinen wuseligen Griechen, die so Mitte der Vierzig vom Leben schon ziemlich mitgenommen sind. Er hatte eine kleine Glatze oben in der Mitte des Schädels. Er ließ sich tadelnd darüber aus, daß ich wieder einmal der einzige Fahrgast sei. Dann ging's los. Ich hatte das schon etwas vergessen gehabt, aber es konnte vor 15 Jahren wirklich nicht schlechter gewesen sein. Nur ist es möglich, daß es damals auf dieser „Linie" noch gar keinen Bus gab. Wir durchfuhren ganze Badewannen. Kosta, wie ich den Chauffeur taufte, fuhr eifrig Zickzack, um dem Gröbsten auszuweichen, bis es uns wieder hineinhaute. Es ging aber genau so über fürchterliche Erhöhungen, wie durch schreckliche Vertiefungen. Als einziger Fahrgast und der Handvoll Chauffeur konnten wir dem Bus keinerlei Gegengewicht verleihen. Wie weit war es denn überhaupt? Früher waren es doch glaub ich vier km. Jetzt zog es sich endlos. Gnadenlos. Und doch war es ein herrlicher Genuß! Das mit beginnender Morgenröte. Natürlich konnten wir nicht sehen, wie sie aus dem Meer stieg und Apollo mit den Sonnenrossen vor dem feurigen Wagen am Himmel aufstieg, denn wir hatten ja das Meer im Rücken und fuhren gegen die Berge. So sahen wir nur das zarte, zarte Farbenspiel, das Gespräch alter Felsbrocken mit dem Morgenlicht, das Erschauern der kahlen verlassenen Hänge beim Kuss des ersten Lichtstrahls auf dieser, der ärmsten der griechischen Inseln. Als wir endlich oben ankamen, sollte ich erst noch bezahlen. Kosta verlangte viel zu viel. Ungefähr den Preis eines Taxis. Das begründete er auch. Ich sei allein gefahren. Er brachte mich ganz draus. War das denn nicht der Linienbus? Schließlich kamen wir überein. Ich gab ihm mehr, als der Bus als solcher wohl kosten würde, aber erheblich weniger als er zuerst verlangt hatte. Ein Tip: man muß für solche Fälle immer genügend Kleingeld bei sich haben, denn wenn man großes Geld hingibt, weiß man nicht, was man zurückbekommt. Irgendwie entpuppte sich der Gauner Kosta beim herausgeben dann aber doch noch als anständiger Mensch. Ich wußte ja auch damals noch nicht, daß er Vater von fünf Kindern ist. Immerhin eine Aufgabe, wenn man selbst immer lange Wartezeiten in den Kafenions verbringen muß. Daß er aber Vater ist, durfte ich gleich drauf erfahren, nämlich seine väterliche Fürsorge für mich. Wir stiegen zunächst einmal aus. Es war jetzt schon hell. Aber uns empfing ein so fürchterlich pfeifender kalter Sturm, wie es ihn mitten im Sommer nur auf diesen Inseln gibt, ich sah ein paar Häuser, aber er sagte mir, es sei alles noch zu und auch das Café, an dem er gehalten hatte, öffne erst um sechs Uhr, also in einer Stunde. Ich war verzweifelt, aber er drängte mich wieder in den Bus und sagte: „So, da drin können Sie bis sechs Uhr bleiben. Ich hole den Bus dann eben später." Er schloß die Tür so, daß es nicht hereinzog, ich aber von innen öffnen konnte. Also, adieu und gute Nacht. Meine Herberge war ein Bus. Sagte nicht ein Spaßvogel einmal zu mir: Und zum Schluß und zum Schluß, erfand der liebe Gott den Bus!

9. 10. 1984

Denke ich an Amorgos, so sind es vor allem drei Menschen, an die ich denke. Außerdem an den köstlichen Kaufmann Elia (zahnlos) und seine Tochter, an den schon zu Lebzeiten legendären Schuster Michali, der seit Jahrzehnten in einem kleinen Laden am Marktplatz auf seinem Schemel sitzt und Schuhe flickt und der immer auf dem Schemel gegenüber einen Unterhalter sitzen hat. Sein Holztor kann zur Hälfte, wie ein Fenster, geöffnet werden, es ist so echt griechisch, praktisch und sehr gemütlich. Da ist noch das junge Touristenpärchen, das ebenfalls am wunderschönen, stets ganz leeren und stillen Marktplatz auf einem Mäuerchen saß, als ich vorbeikam. Sie sagten, sie seien aus Lindau und ich soll ihnen einmal schreiben. Für mich sitzen sie, jung und verliebt, für alle Zeiten, dort auf dem Mäuerchen! Ja, und dann noch der deutsche Fan, der sich dort ein Haus gemietet hat, oder gekauft, und nun stets auf Amorgos lebt und malt. Er gehört zu jenen stillen im Lande, die man nur beneiden kann. Dann noch Athanasios mit seiner Tischlerwerkstatt. Er half mir, mein Gepäck in mein Zimmer zu tragen, als ich eines gefunden hatte. Aber so schnell ging das ja noch nicht. Ich bibberte erst einmal noch eine Weile im Bus. Lang hielt ich es aber nicht aus, ich kroch durch den Türspalt und wollte nun erst einmal alles wiedersehen.

Amorgos, diese aus Armut, Unschuld und Schönheit geformte Insel, wie das Dorf da oben in den Wolken liegt, schneeweiß, still, voll vieler geheimer Gäßchen und Winkel. Aber zuerst wollte ich einmal auf die Aussichtsterrasse hinaus und in meine alte Heimat Astypalaia hinübersehn. Auf dem Weg dorthin, fiel mir eine neue Statue auf, doch nahm ich mir nicht die Zeit, sie zu betrachten. Eigentlich war sie wohl gar nicht so neu, sondern antik, denn sie hatte keinen Kopf mehr. Wohl etwas Antikes, das sie ausgegraben hatten? Ich stürzte vorbei, mußte nun erst einen großen am Boden aufgemalten Kreis durchschreiten, bis ich endlich dort war. Die riesige Terrasse stieß ganz vor, sie hing fast über den Steilabsturz der Felswand zum Meer. Im Rücken hatte der große Platz aber Schutz, ebenfalls von einer Felswand, die zu einem Berg gehörte, der weit in die Höhe ging und von einer Straße umwunden war. Ein paar Bänke standen auf der Terrasse. Sie waren jedoch nicht dem Meer zugewandt, sondern dem freien Platz und der Bergwand. Ach, auch das typisch für die Insulaner. Setzten sie sich etwa, um das stets präsente Meer zu betrachten? Sie waren viel eher neugierig, wer vorüber kam. So lehnte ich mich eben über die Rampe und sandte meine Blicke weit, weit hinaus! Außer dem sich im Sturm wälzenden Meer war nichts zu erblicken. Das mußte ich falsch in Erinnerung haben, Astypalaia war noch sehr, sehr weit weg. Andrerseits weiß ich aber sicher, daß ich unverhofft auf einem Ausflug, als ich auf der Insel Astypalaia lebte, gegen Abend eine tintenblaue herrliche Insel sah und das war Amorgos! Es war ein erschütterndes Erlebnis, plötzlich wieder ein anderes Eiland zu sehn, denn wenn man monatelang auf einer kleinen Insel lebt, kann man die übrige Welt ganz vergessen und erschrickt förmlich, eine Art heiliges Erschrecken, wenn man ein anderes Land sieht. Zurückmarschierend wanderte ich wieder auf den großen Kreis. In seiner Mitte stand ein „H". Was es wohl bedeutete? Vor ein paar kleinen Gärtchen stand meine Statue. Es war eigentlich nur eine Büste auf einem Sockel. Es mußte eine Frau gewesen sein. Über zarte Brüste floß ein Gewand. Eigentlich wunderbar, wie man das alles aus dem wundervoll weißen Marmor so herausmeißeln konnte. Natürlich kann man das seit Jahrtausenden. Nur manchmal muß ich bei vielen Sachen denken: wenn du das hättest machen müssen? Und so lebe ich in Bewunderung – oft bei ganz selbstverständlichen Sachen. Aber die kopflose Statue hatte wirklich etwas Feines, Vornehmes. Es sah fast so aus, als sei ihr eine Stola um den Hals gelegt und bedecke zur Hälfte die Brüste. Der Marmor war zart gelblich geädert. Am unteren Ende stand ein Spruch von Victor Hugo. Also ganz sicher etwas Neueres. Da noch niemand unterwegs war, konnte ich auch niemand fragen. Endlich machte das Kafenion auf. Es waren gleich zwei ältere Männer drin und nahmen ihre Stammplätze vor kleinen Tischchen ein. Ich setzte mich auf einen der geflochtenen Stühle und stellte meine Füße in das Gestänge eines andern. So macht man das in Griechenland, denn der Steinboden ist oft kalt. Ich bestellte einen Kaffee. Die Wirtin mit dem gescheitelten Haar sagte, sie habe nur Nescafe. Diesen schlug sie nun lange in einem großen Becher, wie man Sahne schlägt und tatsächlich schmeckte er nachher auch besonders gut. Es war überhaupt köstlich nach dieser langen, teils kalten Nacht, Kaffee zu riechen und schlürfen. Die Männer nahmen mich gleich aufs Korn und befriedigten ihre griechische Neugier an mir. Das Wichtigste war, wie immer und überall: Apo pu isse? So daß ich nach sechs Wochen feststellen mußte, sie haben einen Apopuisse-Bazillus. Es heißt ganz einfach: Wo sind Sie her? Sie empfahlen mir ein Quartier. Gleich nebenan, aber ich sagte, ich wolle erst einmal ins Dorf hinein und ließ mein Gepäck dort stehn.

Wäre ich den Weg zur Linken gegangen, hätte ich nach fünf Minuten den Marktplatz mit seiner Kirche und den vielen Kapellen erreicht. Vor allem aber hatte ich einen kleinen Platz mit Akazien im Kopf, wo eine verschwiegene Bank stand, der Blick gleichzeitig aufs Meer und auf die Höhen hinaufging, ja sich in der Ferne der sich ausdehnenden Insel verlor und man fast bis an ihr anderes Ende sehen konnte. Dort war es so still und friedlich, als habe sich der Friede der Welt persönlich auf diese kleine Bank in Amorgos gesetzt. So ist es eben in der Welt, gleich neben Elend und Armut gibt es oft die allerkostbarsten Dinge. Da ich den Weg zur Rechten des Kaffees gewählt hatte, war ich falsch gegangen und mußte einen sehr weiten Weg machen. Es ging zuerst zwischen hohen weißen Mauern durch eine Hohlgasse, die bald über Treppen abwärts führte und in eine ganz enge Gasse zwischen Häusern mündete. Dann machte sie einen rechten Winkel, ging steil bergab, um vor zwei kleinen Lokalen zu enden. Eines hatte eine nette Sitzterrasse und man sah nun sich das Tal herauf eine gut geteerte Straße ziehen in vielen Kehren. Plötzlich erblickte ich den Bus und der Teufelskerl Kosta war schon wieder auf dem Weg zum Hafen. Ab und zu tauchte nun auch ein Mensch auf und ich konnte nach dem Weg fragen, nach der Platia. Die Wiesen aufwärts. Ich mußte nun alles, was ich vorher herabgestiegen war, wieder hinaufgehen. Doch war es jetzt eine hübsche griechische Gasse. Überall vor den Häusern standen Blumenkübel, manchmal zog sich eine Laube über die Straße, die natürlich ganz schneeweiß gestrichen war, wie die Häuser selbst. Schöne holzgeschnitzte Haustüren mit metallenen Klopfhänden daran, waren zu sehen. Balkone, Terrassen, dann wieder winzige Häuschen, in denen ich gern gewohnt hätte, schließlich begannen die Kaufläden. Sie hatten zum Teil schon ihre Türen offenstehen, daß ich die Bänke und Stühle darin sah, die in Griechenland stets zu einem Schwätzchen einladen, auch dann wenn man gar nichts kauft nachher. Schließlich erreichte ich meine Platia und sie war nun endlich noch ganz so, wie sie früher gewesen war! Der von mir so getaufte Friedensplatz, ja der war nun gerade eine Baustelle! Wie jammerschade.

Ich überquerte die große rechteckige Platia. Als aus einem Seitenweg eine Frauensperson mit weitem Rock, großer Schürze und Kopftuch huschte, fragte ich sie, ob es hier Zimmer zu mieten gäbe. Eifrig belegte sie mich mit Beschlag und brachte mich ein paar Gassen weiter oben zu einer Frau Kulla. Mit wenigen Worten übergab sie mich und war auch schon wieder verschwunden. So früh am Morgen hatten sie es alle noch eilig. Schließlich setzte später die lähmende Mittagshitze ein, denn es war inzwischen Hochsommer geworden in Griechenland. Kulla ging noch eine Straße höher hinauf mit mir und führte mich in einen großen ummauerten Hof, in dem allerhand Häuser, Brunnen, Hühner Terrassen, Treppen waren. Wir gingen so eine griechische Außentreppe an einem

Haus empor, kamen auf einen Terrassenumgang, an einigen Türen und Fenstern vorbei, bis sie endlich eine Türe öffnete und sagte: „Hier!"

In diesem Augenblick sah ich gleichzeitig zwei verblüffende Dinge: einmal ein Zimmerchen, so schmal, daß gerade ein Bett und ein Stuhl darin Platz hatten, man aber kaum noch neben das Bett treten konnte, um hineinzugelangen und als ich mich nun mehr oder weniger empört voll Kulla zuwandte, verschlug es mir erst Recht die Rede. Direkt auf der Spitze ihrer fast klassisch zu nennenden Nase, wenn sie nicht etwas zu spitz gewesen wäre, saß eine Blumenkohlwarze! Eine große, krümelige Warze. Es sah so aus, wie ein humoristisches Bild von einem Faustschlag auf die Nase, wo nachher die Funken stieben. „Also nein", sagte ich laut und meinte sowohl die Nase, als das Zimmer, was Kulla nicht so genau wußte, natürlich. Wie konnte sie sich nur erlauben, so eine tolle Verschandelung auf ihrer Nase sitzen, ja täglich weiterwachsen zu lassen und wie konnte sie sich erlauben, mir so eine Bude anzubieten und dazu noch zu einem ortsüblichen Zimmerpreis? Ich war aber diplomatisch und sagte, ich wolle mir die Sache noch überlegen. Sie fuhr zusammen und ich weiß nicht mehr, wie alles verlief, jedenfalls gelang es mir nicht, so sehr ich auch wollte, mich von ihr zu lösen und zum Schluß hatte ich zum gleichen Preis, statt der Minikammer, ein großes sehr schönes Wohnzimmer in altgriechischem Stil mit bunten Flecklesteppichen auf dem Boden, daneben ein Schlafzimmer mit großem Doppelbett und einen Balkon mit vielseitiger Aussicht und das in beschützter Lage in ihrem eigenen Haus. Die Toilette und Wasserhahn waren natürlich wieder unten im Hof. Aber was tat's! Wohnte ich nicht geradezu fürstlich und das alles für 5,- DM. Aber sagen Sie es ja niemand, beschwor sie mich usw. und so fort. Ich sagte es auch niemand und breitete mich erst einmal aus. An dem großen Tisch würde ich herrlich schreiben können. Aber die Aussicht ist mir ja immer das Wichtigste. Ich trat auf den Balkon. Er war von einer schneeweißen Mauer eingefaßt. Der Blick ging nach drei Richtungen. Zunächst stellte ich einmal fest, daß ich lauter Dächer um mich hatte und daß ein Teil davon mit ihren Kreuzen und gewölbten Steindächern Kapellen sein mußten. Weiter drüben, über einem von Akazien bestandenen Platz, ragte ein kühner Bergkegel in den Himmel. Kühn unregelmäßig, eigentlich gar nicht herpassend und gerade deshalb alles bestimmend, wie eben nur die Natur, die Erde etwas aus sich heraustreiben kann. Ein Mensch würde sich so etwas nicht erlauben. Himmelsrichtungen konnte ich nun keine mehr herausfinden, aber manchmal stand die Sonne wie ein großes Spielzeug neben dem kühnen Bergkegel, der ja da mitten im Dorf emporragte. Also, es war doch alles sehr malerisch. Nur kam bald wieder ein Sturm auf, der dann fünf Tage dauerte, wie das in Griechenland oft ist. Aber für mich war er herrlich. Ich konnte auf meinem breiten Bett liegen und ihm stundenlang lauschen und mir vorstellen, wie ich da zwischen Himmel und Erde in einem schneeweißen Haus lag. Es war eine herrliche Zeit. Allmählich vergaß ich den Staatsanwalt und seine Clique. Sie waren wohl unten geblieben. Wer weiß, vielleicht hatten sie auch keinen Sinn für dieses wundervolle Dorf. Trotz der ständigen Etesienwinde aus Nordost konnte ich schöne Spaziergänge machen. Manchmal stand ich schon vor Sonnenaufgang auf und fuhr mit einem Kombiauto mit den Hirten und Bergarbeitern weit hinauf zum Krikelas. Dann wanderte ich wieder langsam herab. Zum allgemeinen herrlich weiten Ausblick gesellte sich der Stolz des Frühaufstehers. Als ich an der Büste vorbeikam, traf ich einen jungen Bauern. Ich fragte ihn danach, aber er sagte nur „den xero", ich weiß nicht, dabei lachte er aber so eigenartig, daß ich auch lachen mußte. Er warf mir einen Blick zu, als hätten wir uns verstanden. Öfters am Tag suchte ich auch Kulla, nicht nur, daß ich dies oder jenes brauchte, ich mußte mich immer wieder neu überzeugen, daß sie wirklich und wahrhaftig auf ihrer Nasenspitze eine Warze hatte. Sie trug sie stolz, wie andere ein Diadem und war in allem eine ganz energische, eindeutig herrschende Person. Sie sagte sowieso bei fast allem „den xero" und gab dabei auch gleich zu verstehen, daß sie keine Zeit habe für Unterhaltungen. Meistens war sie fort, irgendwo in ihren Gärten, oder bei den Ziegen. Einmal traf ich sie aber doch bei der Statue, wo sie einen kleinen Garten hatte, in dem ich etwas Grünzeug nehmen durfte. Nun fragte ich sie: „Nicht wahr, das war doch eine Frau?" „Ja, ja", sagte sie. „Hast du sie gekannt?" Sie nickte ein wenig, daß ihre Warze auf und ab fuhr. Mehr konnte ich nicht aus ihr herauskriegen. Mich beschäftigte diese kopflose Frau, nun nachdem ich auch noch wußte, daß sie eine Zeitgenossin war, ungemein. Schließlich traf ich mich mit dem jungen deutschen Maler, der sich hier niedergelassen hatte. Aber er hatte keine blasse Ahnung und sagte mir, daß ihm das auch ganz egal sei. Für ihn war das Interessanteste und Wichtigste auf dieser Insel er selbst. Ich konnte es ihm nicht einmal übelnehmen, denn tatsächlich steigert der längere Aufenthalt auf einer Insel das Selbstbewußtsein ungemein. Für Leute, die gerne so abgelegen leben, ist es wie ein Wunder, daß sie es geschafft haben, für einige Jahre da Fuß zu fassen, ja ein eigenes Haus zu haben, daß sie aus der Selbstbewunderung kaum noch herauskommen! Und das einfach, weil es auch wirklich wunderbar ist. Trotzdem, für diese enthauptete Schönheit hätte er sich doch mal interessieren können. Allmählich wurde ich ungeduldig. Als ich im Kaufladen des Elias war, wo ein paar Leute gerade beim Einkaufen waren, sagte ich einmal aufgeregt: „Kann ich denn nicht endlich mal ihren Kopf sehen? Ich möchte wissen, wie sie ausgesehen hat!" „Nein unmöglich", sagte einer. „Warum, ist er vielleicht im Museum?" Sie lachten wie toll und sagten: „Den kannst du niemals sehen. Der liegt 3 Meter tief drunten im Brunnen." Nun war's heraus und mit diesen Worten setzte ein großes Gelächter ein, daß ich wieder mitlachen mußte. Es wurde allmählich ganz klar, daß die Dorfbewohner diese Frau nicht hatten leiden können und eines nachts den Kopf abhieben und in den Brunnen warfen. Ich wußte nun immer noch nicht warum.

Nach fünf Tagen endlich hörte der Sturmwind auf. Es wurde aber dafür sehr, sehr heiß. Immer wieder darauf angesprochen, machte ich mich endlich einmal zum Kloster Panagia Chryssoviotissa auf, d. h. besser gesagt ab, denn ich mußte in vielen Serpentinen auf einem steinigen Fußpfad den Steilhang hinabsteigen. Irgendwo verborgen am Hang hing seit fast tausend Jahren das Kloster. Unterwegs traf ich den Mönch Lukas. Er bedeutete mir, daß ich in meinen langen Hosen das Kloster nicht betreten dürfe. Die Sonne brannte furchtbar heiß auf den kahlen Hang mit seiner rötlichbraunen Erde. Ab und zu kam ein Tourist, oder eine Touristin, die jung wie Gazellen den Berg hinab eilten zum Baden am Meer. Ich setzte mich öfters ein Weilchen nieder, sah die Herrlichkeit von Meer, Himmel und Berg um mich und dachte über das Schicksal der unbekannten Frau, ich will sie der Einfachheit nun mal Sofia nennen, nach.

Wer war sie? Warum war sie so unbeliebt? Ich ergriff in Gedanken ihre Partei und hätte sie gerne gekannt gehabt. Übrigens mußte sie auf der Insel gewesen sein, als ich zum erstenmal hier war. Damals bohrten deutsche Studenten nach einem Brunnen, während die Einheimischen ruhig in ihrem Kafenion sitzen blieben und Karten spielten. Ich war damals empört. Aber langsam dämmerte mir etwas auf. Es mußte eine bewußte Opposition gewesen sein. Übrigens hatte damals das Dorf Chora noch keine Wasserleitung und das war ja noch keine 20 Jahre her.

Unter diesen Gedanken war ich, am Berg hin und her, langsam abwärts gewandert.
Als ich wieder einmal nach links abbog, sah ich plötzlich in verwegener Kühnheit das Kloster am Berge kleben. Es war kalkweiß, wie die Inselhäuser. Von einem Turm ragten Zinnen ins Himmelblau, eine große Terrasse, von einer durchbrochenen Mauer geschützt, zog sich einige Stockwerke tiefer zum rückliegenden Hauptgebäude. Ich sah ein paar Mönche in ihren langen Gewändern einherwandeln und sich über die Brüstung lehnen. Gleichzeitig begannen auf meinem Fußpfad Steinstufen emporzuführen, auf die ich mich bequem setzen konnte. Sie waren angenehm heiß. Ich lehnte meinen Kopf gegen die Mauer. Eine grünschillernde Eidechse sonnte sich vor mir und bald kam ein junges Mädchen vom Kloster herab. Es war zu sehen, daß es eine Touristin war. Ihr Gesicht leuchtete von innerer Freude. Sie ging rasch vorbei. Ich war so erschöpft, daß ich lange sitzen blieb. Plötzlich hörte ich durch die Stille eine Melodie, es mußte eine Flöte sein. Dann verstummte es wieder. Immerzu lauschend konnte ich ab und zu noch einen Ton erhaschen. Dabei fiel mir dann eine ganze Geschichte von Stia und Gerasimo ein. Ich schrieb auch den ersten Teil auf Amorgos, mußte aber dann weiterreisen. An jenem Morgen entschloß ich mich schließlich, nicht den beschwerlichen Weg zum Kloster hinauf zu machen, da es ja sehr unsicher war, ob ich in meiner Kleidung überhaupt eingelassen würde. Manchmal haben sie ja in solchen Klöstern Ausleihröcke bereit, aber ich war dessen nicht sicher. Die Sonne brannte unbarmherzig herunter als ich den Rückweg einschlug. Wie sollte ich nur den steilen Weg wieder hinaufkommen? Ich sah, daß eine Art Fahrweg etwas weniger steil emporführte und schlug diesen ein und das war gut so! An der nächsten Wegbiegung – ich traute meinen Augen nicht – kam der alte Omnibus daher! Wie er nur aussah, in dieser heiligen und gleichzeitig gottverlassenen Gegend, am Steilhang, fast ohne Boden unter den Rädern! Als er herankam, erkannte ich Kosta. Der kleine Mann klammerte sich sichtbar am Lenkrad fest, so wurde er hin- und hergebeutelt. Er lachte schon von ferne, als er mich sah. Ich verzieh ihm alles, wenn er nur da war mit seinem Bus und mich mitnahm. Gleichzeitig mit ihm, traf vom Kloster her eine kleine Gesellschaft ein – lauter junge Menschen. Eine junge Dame hatte so ein kurzes und weites Sonnenhöschen an – also so war es eben und wir hatten unsere Gaudi mit ihr und hörten gar nicht auf allerhand Erklärungen, die sie abgab. Als endlich alle drin waren, schaukelte

der Bus wieder empor und es ist was dran, so richtig schön ist es doch erst, wenn man sein Leben einsetzt! Wir fuhren erst mal ganz lange geradeaus, dabei allmählich hoch und kamen so ganz auf die andere Seite des Dorfes, die ich noch gar nicht kannte. Kosta lehnte es ab, Geld von mir zu nehmen, der Bus war offenbar von der Reisegesellschaft gechartert heute. Sie fuhren weiter zum Hafen. Vor dem Aussteigen erfuhr ich noch, daß dies die richtige Haltestelle sei, nicht oben an der Terrasse beim Café, wo ich bei meiner Ankunft ausgestiegen war. Aber wie soll ich dann hier mit meinem Gepäck herkommen? Kosta sagte: „Ach was" und fuhr ab.

Allmählich sickerte nun doch so manches über die Dame Sofia durch, da ich aber nichts Genaues erfuhr, möchte ich es auch nicht weiter sagen. Jedenfalls las ich bald einmal ein Essay über einen antiken griechischen Dichter, der hier auf Amorgos gelebt hatte. Er war ein großer Frauenfeind und berühmt geworden ist er eigentlich durch ein langes Gedicht, in dem er viele schlechte Eigenschaften der Frauen aufzählt, wie er sie sich einbildete. War es vielleicht sein Geist, der hier die arme Sofia verfolgte? Mußte das so sein, weil er früher hier war und etwas von seinem Geist zurück blieb? Nachdem die Sommerstürme sich gelegt hatten, war es für mich auf Chora in meiner feudalen Wohnung nicht mehr so schön, ja, es war geradezu nicht mehr zum Aushalten. Statt des Liedes des Winds hörte ich jetzt Tag und Nacht das Radio einer Nachbarsfamilie. Auch was unter mir geschah konnte der Sturm nicht mehr übertönen. Es war etwas für Griechenland sehr charakteristisches. Dort lernen nämlich die Schüler zu Hause sehr laut ihre Aufgaben. Oft wird ihnen dabei geholfen und das tat hier die Großmutter. Sie lernte den ganzen Nachmittag mit ihrem Enkel Michali. Ihr lautes Buchstabieren, Verse deklamieren usw. störte mich bei allem. Dazu kam noch das Schlimmste, in meinem Bett trieb ein Floh sein Unwesen. Als ich ganz zerstochen war, sagte ich Kulla, ich müsse nun abreisen. Sie war enttäuscht, schaute mich über die Warze auf ihrer Nase hinweg forschend an, aber ich sagte nichts von dem Floh, schließlich mußte sie das ja selbst wissen und ich hörte es nachher auch von andern Touristen, daß sie dort verzwiebelt wurden. Ich suchte also das Dorf nach Kosta ab, den ich auf dem Postamt fand. Er versicherte mir, er komme um vier Uhr mit seinem Bus an die Platia beim Café und hole mich mit meinem Gepäck ab. Wenigstens hatte ich ihn so verstanden. Als ich im Café ankam, war er nicht dort und auch auf dem Platz stand kein Bus. Nur die geköpfte Sofia stand vor den kleinen Garten und weiter draußen war noch der große Kreis. Er war übrigens der Hubschrauberlandeplatz der Insel, wie ich inzwischen erfuhr. Im Café saß mein Freund Michali, der Dreher bei einem Kafetaki (Kaffeechen), das ihm die Wirtin geschlagen hatte. Sie lachten mich richtiggehend aus, als ich sagte, Kosta komme mit dem Bus. Niemals! Sie begründeten es umständlich und gaben viele Erklärungen ab, warum es gar nicht möglich sei. Ich fing an zu zweifeln, ob ich den Hallodri Kosta auch richtig verstanden hatte. Was sollte ich nur tun? Aber da kam er barfuß und ohne Bus schon zur Tür herein, warf ohne ein Wort zu sagen meine große Tasche über seine Schulter und sagte: „Komm". Mit einem triumphierenden Blick auf die zwei Kopfschüttelnden im Café gingen wir davon. Es ging nun durch vielerlei Gassen, durch ein ganzes Gewirr von Häusern, Stäffelchen auf und ab und wieder rechts herum und links um die Ecke. Ich mußte dem leichtfüßig vor mir hineilenden Kosta folgen, er pfiff vergnügt, dann sang er wieder, oder erwiderte einen Gruß. Ich mußte doch sehr gut angeschrieben sein bei ihm, daß er mich da so abholte? Es stieg mir richtig zu Kopf. Es war auch so ein herrlicher Tag voll Sonne und blauem Himmel. Überall blühten Blumen, es war wie im Film und ich habe selten so etwas Nettes erlebt. Zum Schluß ging's stark abwärts, dann waren wir gar auf freiem Feld und richtig, da stand auch endlich ganz allein der Bus. Ich stieg rasch ein und los ging's. Wir kamen wieder ins Dorf an irgendeine Bar, dort stiegen etwa noch drei Leute ein und nun begann eine Talfahrt, die so großartig war, daß ich sie niemals beschreiben kann. Zuerst hatten wir noch Asphalt, später war es als flögen wir frei durch die Luft. Da wir alle sehr ausgelassen gestimmt waren, rief ich jedesmal laut „Hilfe", wenn wir in eine Badewanne sausten. Unter uns blaute bereits das Meer und doch war es noch einige Kilometer dorthin. Es war heiß und der Staub wirbelte durch die offenen Fenster herein. Kosta hatte sein Hemdsärmel aufgekrempelt und hing am Steuerrad, das er hin- und herreißen mußte. Dann holperte es wieder, er quetschte den Bus an die Seite bis es auch da nicht mehr ging und er wieder mutig in ein Schlagloch sauste. So zwischen Himmel und Meer schwebend auf einer ganz und gar miserablen Straße, die gar keine war, erschien er mir als wahrer Archetyp des Chauffeurs! Er tat mir leid und ich bewunderte ihn und ich dachte, wenn er schon lang gestorben ist, bleibt für immer sein Urbild hier in den Lüften stehen. Ich versuchte ein wenig, ihm und den Fahrgästen das klar zu machen. Mit meinem gebrochenen Griechisch war das nicht möglich und ich sagte schlicht, d. h. ich brüllte es in das Gerassel des Omnibusses: „Es tut mir leid, daß du einmal sterben mußt!" „Waas?" fragte Kosta zurück. Ich wiederholte es und als er es verstand, streckte er einen Augenblick beide Hände in die Höhe und die Füße von sich und rief: „Oh, oh, oh!" Er hatte die Huldigung vollkommen verstanden. Dann packte er wieder das Steuerrad und schließlich kamen wir durchgerüttelt und wohlbehalten im Hafen an.

Dort traf ich als Überbleibsel der Staatsanwaltgruppe noch den jungen F. Auch er wollte um Mitternacht mit dem Schiff in den Dodekanes fahren. Der Staatsanwalt und die Schwedinnen seien längst schon fort, doch seien sie alle immer hier unten geblieben, es sei wunderbar hier. Und wirklich, wenn es auch lange nicht mehr so idyllisch wie früher ist, so kann man dort doch noch in den Restaurants, kleine Fischerkneipen direkt am Meer, ohne Autostraße, köstliche griechische Gerichte und vor allem ganz frische Fische essen. Es war traulich, dort den lauen Sommerabend zu verbringen, zu sehen wie das Leben dieser Menschen dort ist, wie es sich mit fortschreitender Nacht beruhigte, bis es ganz still wurde, bis es sich dann um Mitternacht noch einmal allseitig belebte, als das Schiff kam. Da war plötzlich auch wieder der Bus da, von seinen Höhen herabgeklappert und wir winkten dem tapferen Chauffeur mit seinen fünf Kindern noch einen Abschiedsgruß zu. Der junge F. machte mich zwei jungen Ehepaaren bekannt und so war ich denn wieder in einer netten Clique, bis wir am andern Morgen in Kalymnos, der Insel der Schwammfischer, an Land gingen. Wir aßen später noch zusammen zu Mittag, dann fuhren sie via Heimat weiter, während ich in Kalymnos meine geliebte griechische Freundin Niki besuchen wollte. Sie war auf Astypalaia Lehrerin und wir hatten viel zusammen erlebt, als ich dort war. Leider war sie aber abwesend in Athen, um ihre jüngste Tochter zu verheiraten. So fuhr ich am anderen Tag weiter nach Kos.

11. 10. 1984

Kos müßte eigentlich Kuß heißen, so wunderbar befreiend, erlösend, in eine andere Welt voll Sympathie und Wohlgefühl führend wirkt es bei seinem ersten Anblick. Diese Liebeserklärung an unser Gemüt, an unseren ganzen Menschen, steigert sich noch, wenn wir seinen Boden betreten und, wozu es reizt, gleich beginnen umherzuschlendern. So geht es auch mir wieder, wie ich an Land gehe. Ich finde relativ bald in einer vom Hafen emporführenden vornehmen Seitenstraße, in einer

Allee von wohlduftenden Koniferen ein feudales Hotelzimmer zu herabgesetztem Preis. Dieser Sommer 1983 ist einfach schlecht für den griechischen Tourismus, so daß die Preise sinken und sinken, um nur einige Betten zu verkaufen. Mir ist es recht! Ich habe jetzt eigenes Bad und Balkon mit Balkonmöbeln im Schatten einer alten Zeder. Hier bin ich dann zehn Tage geblieben und eigenartig, gerade in und auf dem schönen Kos habe ich weiter gar niemand näher kennen gelernt. Ich suche das ja auch nie. Aber es gibt sich von selbst. Auf Kos machte mir niemand einen bleibenden Eindruck. Ein paar lustige deutsche Mädchen im Hafen grüßten und begrüßten mich immer wieder, aber es war doch eine sehr flüchtige Bekanntschaft.

Dagegen gibt es ganz, ganz andere Erinnerungen an Kos. Übrigens heißt es in griechisch Ko, es wird ganz kurz gesprochen, wie etwa bei Loch und das k wird scharf angeschlagen. Wenn es in der weiten Welt in den Reiseführern heißt „einmalige Flora und Fauna", dann sieht man als Laie ohne spezielle Führung trotzdem keine einzige andere Pflanze, oder gar ein Tier, als Zuhause. Oft ist es sogar in Afrika schwierig ein Kamel zu sehen und in Norwegen habe ich in vier Monaten kein Rentier zu Gesicht bekommen. Sie waren immer gerade weg, wenn ich irgendwo hinkam und dorthin gegangen, wo ich herkam! In Kos nun war's anders. In meinem Polyglottführer stand nur etwas von Ruinen, alten Tempeln usw. Auf einem Spaziergang über den Bergsattel nach Kardamäna hinüber war es wieder einmal fürchterlich heiß. Das Bergsträßchen war nicht asphaltiert, sondern eine Staub- und Steinstraße. Zum Glück fuhren gar keine, oder fast keine Autos. Nur ab und zu kamen junge Touristenpärchen auf gemieteten Mopeds. Fest aneinandergeklammert nahmen sie die Kurven, es war ein lustiger Anblick. Aber meistens war es ganz ruhig. Ich konnte aufs Meer hinausträumen. Dabei wurde es mir auf einmal ganz blau vor den Augen. Etwas herrliches flatterte durch die Luft und zwar richtig flatterig, daß es schwer war, mit den Augen zu folgen. Es war ein riesiger Schmetterling von irisierendem Tiefblau mit herrlichen Farbtupfern darauf. Wo war ich denn? Das war ja paradiesisch schön! Da noch einer und noch und noch und weg waren sie wieder. Wie beglückt man sich fühlt, in der zwar geliebten, aber doch schon ganz und gar bekannten Natur etwas völlig Neues zu sehen und sogar selbst zu entdecken, ja, ich weiß gar nicht, mit welchem Glück man das eigentlich vergleichen kann? Vielleicht auch mit einem Kuß? Mit einem ersten, sagen wir mal. Es werden einfach tiefe Saiten der Schöpfung in einem angeschlagen, überhaupt, wenn man so einsam wie ich durch die Fremde wandert. Aber da kamen schon die weiteren Liebkosungen, es flogen auch wundervoll bunte Vögel vorüber. Sie hatten auch diese tiefe blaue Farbe und waren auch bunt. Es waren aber keine Papageien.

Daß es in Kos schon fast ein wenig subtropisch ist, beweist auch die herrliche Palmenallee beim alten Schloß und die Bananenstauden im Gärtchen meiner Freunde. Freunde! Ja, ich habe zwar in Kos keine neuen Freunde gemacht, aber alte wiedergefunden. Nikola und Eleni, das Lehrerehepaar mit ihren drei Kindern. Ich lernte sie auf einer kleineren Insel vor vielen Jahren kennen, als erst ihr Ältester geboren war. Inzwischen haben sie sich am Stadtrand von Kos ein Haus gebaut und noch einen Jungen und ein Mädchen bekommen und diese sind auch schon groß, wenn auch nicht alt, aber doch alle mindestens so groß wie ich! Es war eine ungeheure Freude, als sie mich gleich an meiner Stimme am Telefon erkannten und ich zu ihnen hinauspilgerte. Ja, und da zeigte mir Nikola stolz ihren Garten. Er war wirklich voll tropischer Wunder, unter anderem ein großer Bananenstrauch, der ja auch sehr dekorativ wirkte mit seinen rispigen Blättern, in denen einige Bananen reiften. Noblesse oblige, kann man eben von der alten Badeinsel Kos sagen. Schon die alten Griechen und sogar Hippokrates badeten hier, und heute die reichen Athener. Aber natürlich gibt es auch Campings oder einfahe Sandstrände, wo alle Arten von Touristen schlafen können und dürfen. Heute gibt es überall alles. Doch Kos ist einfach superb. Am liebsten saß ich unter der riesigen Platane des Hippokrates und zeichnete. Die vielen Ruinenstellen, aus denen immer schöne Säulen aufragen sind begleitet von muselmanischen Formen, jene wohlig auflösenden rundlich geschwellten Dächer, die zum Träumen und Nichtstun auffordern. Aus nicht allzu weiter Ferne grüßen die blauen Gestade der Türkei in unerhörter Schönheit herüber. Man darf nicht dran denken, oder vielmehr man tut es nicht, wie die Türken jahrhundertelang die Griechen oft blutig unterdrückten. Es ist ja vorbei und in Kos erlebt man das Nebeneinander ihrer Kulturen und Landschaften und das verzaubert wunderbar. Auch Neues und Altes mischt sich, wie es eben an solchen Orten ist.

Wie ich so hindurchschlenderte, fiel mir eine alte Geschichte ein, die ich einmal hatte schreiben wollen: „Der Knabe von Kos". Der Einfall kam mir, als ich das zweite Mal nach Kos kam. Der Hafen war noch ganz bescheiden, wenige Häuser wagten sich bis ans Wasser heran, so daß auch die alten Gebäude stärker auffielen. Ich war gerade an Land gegangen und wendete mich nun um, um zurückzuschauen. Zu meiner Rechten lag die große Palmenallee, die imposanten Mauern des Johanniterschlosses, draußen noch das Schiff, das uns gebracht hatte, denn damals wurde man noch von kleineren Booten an Land gebracht. Doch war diesmal das große Schiff tiefer in den Hafen vorgestoßen. Die Sonne war noch nicht lange aufgegangen und beleuchtete von Osten her eine Szene, die mir so sehr zu Herzen ging, daß ich heute noch immer die Erzählung „der Knabe von Kos" in mir trage. Sie luden mit großer Behutsamkeit einen weißen Sarg aus. Ganz langsam glitt er von der Rampe des Dampfers herab auf das kleinere Boot. Wir Vorbeigehenden blieben fast entsetzt stehen. Angehörige standen weinend und klagend am Ufer. Ich fragte, warum der Sarg weiß sei. Weil es ein Kind, oder fast noch ein Kind ist, hieß es. Ein achtzehnjähriger Schüler aus Athen wurde so zurückgebracht in seine Heimat. Am 15. 6. 83 begann ich nun die Geschichte so:

Es war alles damals. Es ist noch nicht lange her und doch eine ganz und gar versunkene Welt. Könnte es sich heute, 20 Jahre später, überhaupt noch ereignen? Das immer noch schöne Kos ist erfüllt von Lärm ... und Tourismus. Damals? Ein stiller Traum. Ohne Lärm sprachen die alten Steine, rauschte die berühmte Platane, schlug das Meer an den Kai. Ab und zu ein Eselsschrei – eine einzelne Limousine und weit draußen ein großes Schiff. Dann noch die bunten Barken und die Kaikis, die unermüdlich durch den Dodekanes fuhren. Ein Knabe Theodosius – warum hatte er nur so einen ernsthaften Namen? – lebte mit seiner Mutter etwas stadtauswärts an einem runden, nein eigentlich ganz unregelmäßigen Platz, dort wo die grauen Ruinen, die etwas ländlich gewordene Stadt, wo Gärten und Felder ineinander übergehen. Der Knabe spielte oft auf dem kleinen Platz, der sich dort umgeben von bescheidenen, ebenerdigen Häusern, groß ausnahm. Von allen Seiten liefen Gassen herein und mündeten stumm und selig. Arbeit, Plackerei, Elend, fehlgeschlagene Hoffnungen, alles war hier zu Ende, hörte einfach auf. Unvermittelt stand man wie in einem schönen heiteren Zimmer, das nur Freude und Genügsamkeit kennt und gleichzeitig angefüllt ist mit wertvollen Gegenständen. So also war der kleine Platz. Das Hervorragendste darauf war der alte Turm. Oh, dieses köstliche Kegeltürmchen mit seiner runden Mütze auf dem Kopf, dem steinernen Kragen und von Moos überwachsenen Bauch, wie ein altes Muselmännchen stand es mitten drin in dem Platz. Genau so herrlich waren die wild wuchernden Palmen unterhalb der Steintreppe. Ihre Äste quollen wie ein großes grünes Rad aus der Mitte des Stammes empor! Ihr Anblick machte alles vergessen, was je unfriedlich und lästig war. Dahinter die Kette der blauen Berge! Sie umschützten und behüteten die kleine Welt. Noch weiter hinten rauschte irgendwo das Meer. Doch daran dachte man hier nicht. Man ließ sich den Frieden in die Seele träufeln. War doch jedes Häuschen hinter einer Blumenpracht versteckt und dort an der Ecke, an der Villa, bäumte sich die violette Bougainvilla über die Balkone. Gab es etwas Schöneres?" So weit nur kam ich mit meinem Manuskript, wenn auch die Geschichte des Knaben von Kos fertig in meinem Kopfe vorliegt.

Doch jetzt mußte ich ans Weiterreisen denken, denn irgendwann mußte ich ja auch wieder heimkommen. Es war jetzt eigentlich nur noch eine Insel, die mir so mahnend im Gemüt lag, sie endlich aufzusuchen und das war das ferne Samothrake. Die Nike von Samothrake rief mich! Sollte sie ewig nur Traumziel und Sehnsucht bleiben? Nein, ich würde es diesmal versuchen, endlich dorthin zu gelangen. Aber da führte der Weg erst noch an **Astypalaia** vorbei, an *meiner* Insel, wo ich jahrelang ein Haus besessen hatte. Ich hatte sie diesmal deshalb aussparen wollen, weil ich für Astypalaia mindestens vier Wochen ansetzen mußte, wenn ich dort hinging. Dafür war jetzt keine Zeit und doch stieg ich aus. Ein großer bewegender Augenblick. Ich weiß nicht mehr, wer mich zuerst wiedererkannte, denn ich kam nachts um zwei Uhr an. Ich blieb einen und einen halben Tag dort, rannte alles ab, um es wiederzusehen und konnte nur staunen, welch wunderbare Landschaft es ist. Die kahlen, aber ganz zimtfarbenen Hänge, die in großer Weichheit die Landschaft formen. Dazu das tiefblaue Meer, das sehr, sehr weit sich dehnt, denn Astypalaia liegt ziemlich einsam im Meer. Es ist abgelegen und schwer, d. h. nicht oft zu erreichen, so daß es selbst für Griechen ziemlich unbekannt ist. Aber genug, ich hatte es wenigstens wiedergesehen, viele Hände gedrückt und kleine Einladungen erhalten. Am schönsten war, wie in einer Kirche eine ganz alte Frau leise zu mir herkam, mir sachte die Hand auf den Arm legte und in die Augen schaute, ohne ein Wort zu sagen. Dies begleitet mich seither als etwas ganz Liebes, Aufmunterndes. Am zweiten Tag mittags um zwei Uhr ging ich wieder an Bord und hatte eine der sehr glücklichen Überfahrten in jenem Jahr nach Naxos. Dort mußte ich übernachten. Ab Astypalaia mußte ich viermal übernachten, bis ich endlich nach Samothrake kam. Ich brauchte also vier Nächte und fünf Tage! So weit ist es, wenn man nicht fliegt.

Zuerst aber traf ich nun ein riesig großes und furchtbar nettes Norweger-Ehepaar auf dem Schiff. Sie kamen von Astypalaia, wo sie einige Wochen in Levadi verbracht hatten. Die Dame war so überglücklich, wie sie da von ihrer Insel erzählte, daß es taktlos gewesen wäre, wenn ich mich mit meinem „Haus" und jahrelangen Aufenthalt dort hervorgetan hätte. Doch glühte mein Herz wieder vor Begeisterung. Ich war überglücklich jemand getroffen zu haben, der Astypalaia kannte und liebte, das gab es in früheren Jahren nicht, es war vor 15 Jahren noch ganz unbekannt. Die Norwegerin entpuppte sich als eine große Griechenlandverehrerin. Sie sprach griechisch und hatte sich selbständig so viel mit dem Land und seiner Kultur beschäftigt, daß sie zu Hause darüber Kurse abhielt. Wir saßen zusammen an Deck. Das Schiff war fast leer und wir hatten viel Platz. Andere Inseln zogen an uns vorbei, das Meer war im sinkenden Abend golden beleuchtet, die Atmosphäre warm und windstill, wir glitten dahin, wie in einem Traum. In Naxos, als ich an Land ging, sah ich gleich Lizzi. Das war ein Wiedersehen! Sie arbeitete in ihrem kleinen Café im Hafen. „Geh' nur heim", sagte sie, „dein Zimmer ist frei und offen, da kannst du übernachten."

Wie ich dann Naxos am andern Morgen verließ weiß ich nicht mehr. Jedenfalls war es ein ganz volles Schiff, wir kamen ja jetzt ins Reich der Kykladen, das sind die meistbesuchten Inseln, außerdem ging's Richtung Athen und Heimat, viele waren schon auf der Rückreise. Noch mehr aber waren im Kommen, denn der Sommer und die Ferienzeit begann. Es war Hochsaison. In dieser Zeit steht in Mykonos bei der Ankunft konstant ein zwei Meter hohes Plakat. No room! (kein Zimmer).

So suchte ich mir eben auch einen schmalen Platz an Deck, wo die Touristen wie Heringe herumlagen und saßen. Im übrigen war es auch an diesem Tag eine gute Überfahrt, die meisten wollten braun werden, es interessierte sie sonst nichts, auch nicht das attraktive Kap Sunion mit seinem schönen Tempel, die attische Küste, die in ihrer einmaligen Beleuchtung vorüberglitt, schwebend leicht und schön. Höchstens einmal die springenden Delphine zu Seiten des Schiffes brachte alle auf die Beine. Ich hatte einige nette Gespräche mit jungen Leuten und jung sind sie ja allmählich alle für mich! So alt bin ich schon geworden, aber gerade deshalb sind die Jungen ganz besonders nett zu mir. Sie meinen nämlich, nur sie könnten so frei ohne Reisebüro in der Welt herumreisen, dabei habe ich doch viel mehr Erfahrung darin als sie! Aber das lasse ich sie nicht fühlen. Nur wenig Menschen haben Interesse an wertvollen Tips auf der Reise, dazu gehöre allerdings ich. Es ist erstaunlich, was man da alles erfährt aus erster Hand. Über meine Wallfahrt nach Samothrake konnte mir aber niemand Auskunft geben – fast niemand war je dort und weiß, wie man eigentlich hinkommt. Ich übernachtete zunächst einmal in Piräus. Da ich gerne um sieben Uhr abends in mein Bett gehe – dann allerdings noch lese und schreibe und manchmal sogar nachdenke! – war Piräus, diese Hafenstadt, und jede Hafenstadt ist ja nun auch einmal ein Sündenpfuhl – für mich ein Ort wie jeder andere, denn die Hauptsünderei ist ja bei Nacht.

Ich stand sehr früh auf, löste mir mit meiner neuerworbenen Rail Europ S Karte eine Fahrkarte nach, ja wohin? Also, wenn ich dort schon ganz schlau war, bis Alexandropolis, vielleicht nahm ich aber zuerst auch nur bis Thessaloniki, denn was da noch weiter kam, das war doch einfach ein Niemandsland von dem keiner etwas wußte. Obwohl die Türkei viel weiter ist und erst nachher kommt, ist man dann eben wieder irgendwo, während man vorher sozusagen nirgends ist! Wenigstens denkt man das, wenn man noch nicht dort war und die Landkarte ansieht. Wo Makedonien aufhört auf der Karte, nämlich mit „n" fängt aber Thrakien mit seinem „T" noch lange nicht an! Wenn man nur nach dem Verlauf der Eisenbahn fragt, wer weiß da etwas genaues? Ich übernachtete erst mal in Thessaloniki, örtlich heißt das ja nur Saloniki. Die Fahrt von Piräus herauf dauerte gut acht Stunden. Es war wieder ganz neu für mich, so lange über zusammenhängendes Land zu fahren. Man kann leichter das Gefühl beschreiben, wenn man vom Festland auf eine Insel kommt, dieses befreiende Sich-los-lassen in die Elemente von Wasser und Wind und Himmel. Man fühlt sich befreit, als käme man endlich zu sich selbst. Umgekehrt ist das aber noch mehr der Fall. Man kommt wieder an Land und weiß, daß man da hingehört, daß man in sich selbst zurückkommt, man fällt wieder der Erde, der Heimat zu. Das ist schön. Nun konnte ich also stundenlang auf meinem Fensterplatz sitzen und die vorbeiziehende Landschaft betrachten. Ich fahre ja so gerne Zug. Aber wenn ich jetzt an diese monatelange, ja jahrelange Fahrt des vorigen Jahres denke, dann muß ich sagen, es gehört doch eine besondere Veranlagung dazu, daß dieses ständige Betrachten und Genießen wechselnder Landschaften einem nicht zuviel wird. Doch ist es bei mir so. Es wird mir nicht zu viel. Denn die Fahrt durch das ganze Griechenland ist ja sehr abwechslungsreich und jeder sollte einmal mit dem Zug hindurchfahren, es ist viel, viel schöner als mit dem Auto. Die sanften weiten Felder um Levadia haben einen ganz besonderen Reiz. In manchen Augenblicken, wenn große Wolkenschatten darüberziehn, wirken sie geradezu melancholisch, besonders wenn noch eine junge Saat darauf steht. Doch ist es eine ganz andere Traurigkeit als über unseren Äckern, weil die Beleuchtung viel intensiver ist. Trotz der seelischen Schwere hat die Landschaft etwas sphärisch Leichtes.

Später geht es mit der Bahn auf einsame Pässe hinaus, wo große Wacholderweiden an die schwäbische Alb erinnern, plötzlich öffnet sich ein Ausblick aufs Meer, dann führen die Schienen wieder durch Tunnel und man taucht in romantischen Platanenwäldern mit ihren kleinen Bahnstationen auf. Vorbei am Olymp erreicht man endlich Saloniki. Ich ging in mein altes Quartier. Es gab immer noch viel zu viel freie Zimmer, so daß der Hotelier mir einen sehr gelinden Preis machte. Er gehörte zu jenen Menschen, die sowieso nicht zu teuer sind und deshalb normalerweise keinen Preisnachlaß geben könnten, der aber nun, wo die Umstände ihn dazu zwingen, glücklich ist etwas Gutes zu tun. Er war ein sympathischer, aufrechter Mensch, der mir immer noch in Gedanken blieb. Das Haus an einer Hauptverkehrsstraße füllte mit seiner ganzen Größe die vorgeschriebene Fassade aus, im neuklassischen Stil hatte es hohe schmale Fenster, eine ebensolche Glastüre, die auf einen winzigen Balkon hinausführte, auf den man gerade hinaustreten konnte, und der der Größe nach eigentlich mehr recht zum Flaggen war, als um sich dort aufzuhalten. Die Einrichtung war entsprechend, alles fein säuberlich, äußerst einfach und doch auch wieder aristokratisch. So ganz von gestern. Manchmal ist es eben auch schön, so zu übernachten und es kommt ja speziell unserer modernen Nostalgiewelt entgegen. Obwohl ich daran eigentlich nicht interessiert bin, muß ich jetzt zurückschauend sagen, dieses Zimmer in gerade diesem Hotel war eigentlich ein passender Auftakt für meine Reise nach Alexandropolis. Sehr früh morgens, etwa um fünf Uhr, wurde ich geweckt und fuhr dann mit einem dieser altmodischen Aufzüge in die Lobby hinab, die es natürlich gar nicht gab! Der Aufzug ist so ein Gitterkäfig, der das ganze Treppenhaus ausfüllt und furchtbar rasselt. Es ist immer erstaunlich, daß nur ein Teil von all dem Gestänge, das daran ist, mitgeht, wenn man auf den Knopf drückt und das andere, das Gehäuse, stehen bleibt. Kommt man unten an, geht man durch die Haustüre über eine Freitreppe, die auch zu so einem Hotel gehört, gleich auf die Straße.

Der Zug wartete schon, und ich konnte mir einen zugfreien Fensterplatz sichern. Es war ein wirklich gemütliches Zügle. Einen Schnellzug gibt es auf dieser Strecke nicht – immerhin war es ein durchgehender Zug – und ich hatte in Aussicht 8-9 Stunden sitzen bleiben zu dürfen! Das wurde selbst für mich allmählich ein bißchen viel! Seit meiner Abreise von Naxos war ich nun den fünften Tag ständig auf Fahrt! Aber der Schaffner pfiff und ab ging die Schneckenpost. Auf einer Landkarte konnte ich sehen, daß wir in ständigen Schlangenlinien uns auf unser Ziel zu bewegten, ja, vor und nach Xanthi waren es richtige zeitraubende Parabeln. Neben mir saß ein netter Bahnbeamter, der auch keine Zugluft vertragen konnte. So oft jemand herein kam, rief er: „Mach die Tür zu!" Nach dem sechsten Mal bekam er eine Wut, seine Stimme überschlug sich, als er rief: „Habt ihr Zuhause nur einen Sack dran?" Ich fühlte mich gleich ganz heimatlich, weil sie diesen Ausdruck also auch im Ausland haben. Das Land um uns war flach, grün und sauber angepflanzt. Das meiste wohl Tabak. Viele kleine, entzückende Bahnstationen wurden passiert. Arbeiter stiegen ein und aus, wie überall auf der Welt am frühen Morgen. Die Blumen in den Gärten hingen noch voll Tau. Wir waren wieder in einem ganz anderen Klima hier im Norden des Landes. Die Stationsvorsteher der kleinen Bahnhöfe marschierten einer nach dem andern schneidig heraus auf den Bahnsteig. Dabei schwenkte jeder von ihnen auf ganz verschiedene Art das Haltesignal. Bei einem Großen wirkte es wie ein Bleistift, den er zwischen zwei Fingern pendeln ließ, während nachher ein kleiner Dicker es zackig auf und abschwang, als würde er davon schlanker. Ein anderer fuchtelte und winkte damit, weil er im Waggon vorne Bekannte entdeckt hatte und wieder ein anderer machte nur ganz kurze sparsame Bewegungen, beachtete auch sonst niemand und schritt stolz und unnahbar in seinen Bau zurück. Schließlich stieg der nette Bahnbeamte aus. Er gab mir die Hand und wünschte mir „Kalo Taxidi", gute Reise. Allmählich taute ich richtig auf. Es wurde wärmer. Die Sonne brach mächtig über das Land herein und zeigte nun auch alles in einem südlichen Licht. Große Sonnenblumenfelder unterbrachen das eintönige Grün und am Horizont erschienen blaue Berge. Von der Landschaft weiß ich auf dieser Strecke fast gar nichts mehr.

Nach den starken Eindrücken im Süden war sie wohl nichtssagend, ja langweilig. Vielleicht war es aber auch nur, weil die Menschen ganz anders wurden. In Bezug auf sie war es eine überraschende, wundervolle, köstliche Fahrt. Je weiter wir in ein Niemandsland hineinfuhren, um so mehr lachten die Menschen. Zum Schluß gaben sie ganze Salven von sich und zwar auch Leute, von denen man es niemals erwartet hätte. Eine altmodisch angezogene Frau, die etwas vertrocknet war, vielleicht eine alte, dürre Jungfer oder eine abgearbeitet Hausfrau, sie sah zudem etwas bigott aus, sie sperrte den Mund beim Lachen so weit auf, daß man ihr tief in den Rachen sehen konnte, etwa bis zum Zäpfchen! Manchmal breitete sie die Arme weit aus und schlug dann die Hände zusammen, dabei streckte sie die Beine in die Höhe und wieder hinab, wie auf einer Schaukel und das ging aber so stundenlang und alle andern Leute lachten mit. Ich schließlich auch. Da setzte sich rasch, als hätte sie längst darauf gewartet, eine schicke junge Dame zu mir. Sie hatte ein rosa Kleid an, schöne Locken und hohe Absätze. Sie war anschmiegend freundlich zu mir und schmeichelte mir, wo sie konnte, ja sie schenkte mir eine Rose aus ihrem Strauß. „Wissen Sie, wir wohnen doch hier an der Grenze", sagte sie zu mir, „und da gehen wir eben zum Einkaufen oft nach Bulgarien. Warum auch nicht, es ist doch einfach interessanter als in Griechenland." Leider stieg sie auch bald aus, d. h. um, um nach Bulgarien zu gehen. Später war mit einer einfachen schwarz gekleideten Frau eine furchtbare Aufregung. Alle fingen an zu diskutieren und schrien durcheinander. Ich fragte, was bloß los sei mit dieser Frau. Ich weiß aber nicht, ob ich diese Griechen wirklich richtig verstanden habe. Jedenfalls sagten sie, die Frau sei die Frau eines Papas, das ist ein niederer Geistlicher, der Pfarrer des Ortes der griechisch orthodoxen Kirche. Diese seine Frau dürfe nicht allein verreisen, sagten sie. Sie fuhr nur ins übernächste Dorf, aber ihr Neffe, auf den sie gewartet hatte, war nicht gekommen. Nun war sie allein. So verstand ich es wenigstens. Schließlich beruhigten sie sich wieder, besonders da eine neue Frau eingestiegen war und es ungeheuer wichtig hatte. Sie sprach unausgesetzt, ziemlich erregt und laut und tat schrecklich wichtig. Nachdem sie ausgestiegen war begann wieder das Gelächter und die allgemeine Entspannung. Ich fragte jemand, was die Frau so wichtiges erzählt habe. „Ach", sagten sie, „wieso denn wichtig, sie hat einfach nur von ihrem Garten erzählt, was sie alles anpflanzt usw." Die meisten Leute stiegen nach einiger Zeit wieder aus und immer weniger Leute stiegen zu. Ich glaube, wir hatten allmählich das „n" von Makedonien hinter uns und kamen nach Thrakien, wo's dann schon allmählich orientalisch wird. Irgendwie spürte man das. Slawische Gesichter tauchten auf, andere Kleider, andere Pfeifen zum Rauchen, viele Männer spielten mit kleinen Ketten wie mit einem Rosenkranz. Es roch nach Knoblauch. Die Leute, die nicht ausstiegen, hatten oft Pappkartons bei sich, die Frauen trugen große Kopftücher und manchmal sogar pluderige Hosen, wie Röcke. Die Fahrt dauerte schrecklich lange, es wurde auch sehr heiß und stickig im Zug, ja irgendwie sogar unheimlich. Als wir fast in Alexandropolis waren, konnte der Zug nicht einfahren. Es sei immer das Gleiche, sagten die Leute. Wir fuhren zurück und wieder vor, na ja und schließlich waren wir dort.

Bei dem Wort Alexandropolis hatte ich mir wirklich eine Polis, eine Stadt vorgestellt, aber ich weiß nicht, ob man das, wo wir hinkamen, überhaupt einen Bahnhof nennen kann. Jedenfalls stürzten sich gleich ein Schwarm alter Männer auf mich, die mein Gepäck tragen wollten und ein Hotel empfehlen. Ich besorgte alles selbst. Leider war es wie so oft, daß ich viel zu lang ein geeignetes Quartier suchte. Da es das erste ist, was man machen muß, nimmt man sich einen ersten interessanten Stadtbummel schon vorweg, der nun leider gar nicht so geruhsam ist, wie man sich das wünschen würde. Bis man dann endlich ein Quartier hat, hat man eigentlich alles schon gesehen. So ging es mir auch in Alexandropolis. Wer noch Sinn für Weltabgelegenheit hat, der fällt hier in eine Ecke der Welt zum Schwelgen!

Als ich morgens aufstand und hinausging, sah ich gleich in einiger Entfernung den Markt. Er zog sich wie ein schmales, langes Band etwa einen Kilometer an der Bahnlinie, dem Meer, dem Hafen, ich weiß es selbst nicht mehr genau, entlang. Jedenfalls war er nicht eingeengt von Häusern, oder nur so auf einem Platz, sondern er war ganz lang und weit und souverän. Als ich an den herrlichen Obst- und Gemüseständen entlangwanderte, sah ich in der Menge, die zahlreich von weit und breit herbeigeströmt war, einen Papa, einen Pfarrer. Die Papas sind meistens so nett und leutselig, daß man sich jedesmal freut, wenn man einen sieht. Sie kommen aus einfachen Verhältnissen und haben auch nur eine sehr kurze einfache Ausbildung, die sich hauptsächlich auf das Singen der stundenlangen Liturgien erstreckt. So bleiben sie einfache volksnahe Menschen. Übrigens dürfen sie ihren Beruf erst ausüben, wenn sie verheiratet sind. Der höhere Klerus hat dann, wie die Katholiken, das Zölibat. Ich hoffe, daß das so stimmt, wie ich es jetzt gesagt habe, bin aber nicht absolut sicher. Ich hab's halt von den Leuten gehört.

Also, ich freute mich, einen Papa zu sehen. Ich bewegte mich ein wenig zu ihm hin. Sein langer Bart war auffallend fuchsig und dieser rötliche Haarton sah zu der schwarzen Soutane und unter dem schwarzen Käppi – er hatte ja auch noch den obligatorischen Haarknoten im Nakken – lustig aus. Natürlich war er auch nicht mehr ganz jung, denn die Kirche hat viel zu wenig Nachwuchs. Als ich näher kam, sah ich, daß ein junger Mann den Pater am Bart zog. Sie lachten beide, aber ich fand das trotzdem unerhört. Es kam mir vor als sei es bei dem Pfarrer nur ein Verlegenheitslachen. Ich mischte mich ein und verlangte etwas mehr Respekt vor dem Mann der Kirche. Aber sie sagten nun beide wieso und das mache doch nichts, man müsse doch auch Spaß haben, bis wir alle drei laut und vergnügt lachten, wie die Leute gestern im Zug. Ich zupfte nun auch ein wenig und gehöre erst richtig dazu. Dann enteilte der Papa ganz behend, denn er war eben doch ein Fuchs.

Ich sollte bald einen ganz anderen Vertreter seines Standes kennen lernen. Gegen Mittag ging dann unser Schiff. Viele und vielerlei Volk eilte mit vielerlei und viel Gepäck dorthin und schließlich war ich auch darauf. Als wir in See stachen, lösten sich dunkle Gewitterwolken vor der siegenden Sonne auf. Es war jene Stimmung der Aufklärung, die eine große Bewegung an den Himmel zaubert. Wenn die Wolken sich lösen, dahin und dorthin davon segeln, das Land wieder sichtbar wird und sich plötzlich ferne Horizonte aus dem Meer heben, wie hier die Küsten der Türkei. Man konnte es nicht glauben, daß man so nahe war, obwohl man es wußte. Es wurde hier noch einmal klar, was die Geschichte gelehrt hatte, daß zwei Welten aufeinanderprallen, der Osten und der Westen. Auf dem Schiff befanden sich hauptsächlich Griechen. Irgendein Frauenverein kam an Deck und wollte nun die Touristin begrüßen und befragen. Ich zog mich aber zurück, denn ich weiß, daß das eben eine Schwäche der Griechen ist, sie können dann gar nicht mehr aufhören zu fragen, bis es zum Ausfragen wird. Nichts ist doch lästiger als das. Es tut mir aber heute noch leid, daß ich die so munter losreisenden Damen enttäuscht habe. Denselben Fall hatte ich einmal in einem Nachtzug von Bangkok nach Chiang Mai und das tut mir auch ewig leid, daß ich nicht mit den zwei netten Hausfrauen gesprochen habe. Aber irgendwie war es auf dem Schiff doch das Richtige. Es war einfach zu toll, wie sich immer Meer und Land voneinander lösten und vom Gewitter reingewaschen neu vor uns erstanden! Ich konnte gar nicht genug davon bekommen. Oder doch? Später ging ich nämlich hinab in den Salon. Dort lächelte mir nun der andere Papa, den ich an diesem Tag begegnen sollte, zu. Er hatte noch einen Freund bei sich. Er war klein von Gestalt. Es schien so, als gehöre er zu den Menschen, die klein geblieben sind, weil sie in der Kindheit schwer, meist in der Landwirtschaft, arbeiten mußten. Dafür hatte er aber seinen Geist hoch entwickelt. Er war Professor der Geologie, las gerade in einem philosophischen Buch von Max Scheler, einem deutschen Autor. Er erzählt mir daraus. Ich lenke aber das Gespräch auf Samothrake, da so wenig in meinem kleinen Führer steht. Ich bin erstaunt, mit wie großem Ernst und genauem Wissen er als Mann der griechisch orthodoxen Kirche über die alten griechischen Mysterien spricht. Er sagt, es befindet sich ein sehr wichtiges altes Heiligtum auf Samothrake. Es hatte Beziehungen zu Eleusis und war fast so bedeutend wie Eleusis. Eine Mysterienstätte war ja eine Stätte der Einweihung. Nur wenige Menschen waren damals gebildet und die Einweihungsstätten vermittelten ein geheimes Wissen. Das waren aber Dinge, die heute Allgemeinwissen sind. Ich sagte: „Ja, aber die Mysterien, die Geheimnisse, wo sind sie hingekommen und was waren sie?" Er erklärt, es sind heute die Sakramente der Kirche, die Taufe, die Ehe usw. Und ich sage: „Die Liebe und für mich vor allem auch die Sprachen." Er pflichtet mir bei, in seiner besonderen Art, den Dingen Gewicht und Bedeutung beizumessen. Dann spricht er noch von der Landschaft. Die Insel, das ist hauptsächlich der Fengari, ein hohes, bis 1600 Meter hohes Gebirge. Um ihn, in der Mitte, zieht sich wie ein Gürtel kreisförmig ein Streifen Land. Viel Wasser und Bäche strömen vom Gebirge ins Meer, so daß es eine grüne Insel ist mit vielen Platanen und anderen Bäumen. Das Meer ist ganz besonders blau und das wieder am meisten bei dem Heiligtum der Götter, wo früher die Kultstätte war. Es sei wenig erhalten, doch sehr, sehr schön. Die ganze Insel hat nur soviel Einwohner wie heute ein kleines Dorf, etwa 4000. Der Papa muß leider am anderen Tag schon wieder zurück fahren, er macht nur eine geologische Untersuchung. Wie schade! Er gehört zu den Menschen, die man nicht vergißt, weil sie auf dem Platz, auf den sie vom Leben gestellt wurden, sich etwas Universelles erworben haben. Ein vorbildlicher Mensch also.

So vorbereitet, ging ich schließlich an Land, nachdem ich noch viele Stunden die sich nähernde Insel betrachtet hatte. Auf dem Fengari spielten nun die Wolken um vielerlei Bergspitzen, dann hüllten sie sich wieder ein und kündeten auf ihre Art den Mysterienort an. Es war ein gemütlicher Hafen, wie es früher in Griechenland war. Man landet gleich vor den Häusern und nicht erst in einem Hafengebiet, das nach Industrie riecht. Es war schön. Nur, ich wußte überhaupt nicht, wohin ich gehen wollte und sollte. Aus Versehen geriet ich zuerst in einen falschen Bus und machte so gleich eine kleine Inselrundfahrt. Es war wirklich alles ideal, wie es sich ein Tourist wünscht: gelbe Getreidefelder, die bis zum Meer hinabsteigen, dazwischen schmale, doch gut geteerte Straßen, ein in den Felsen klebendes Dorf mit typischen alten Häusern, wenig Menschen, hübsche Gärten, kleine Läden, die aber alles hatten! So kamen wir wieder in den Hafen zurück und ich wählte nun einen Bus nach Lutro oder Lutra, das weiß ich nicht mehr. Eigentlich wollte ich ja an die Ruinenstätte, aber ich bekam da einfach keine richtige Antwort und es war keine Zeit ein Auskunftsbüro zu suchen. Der Bus ging, und vielleicht war es der einzige am Tag. So kam ich nach Lutro. Es ging zuerst etwa 30 km immer am Meer entlang und das war nicht nur blau, manchmal war es richtig veilchenblau, denn es war sehr buntes Gestein da, auch Felsen im Meer und vor allem das Wasser war ganz klar. In Lutro stieg man unter riesigen Platanen aus, tosende Wildbäche stürzten vom steil aufsteigenden Gebirge herab und darüber immer und überall der Fengari.

Ich nahm ein Zimmer in einem einfachen, ländlichen Hotel. Der Blick ging aufs nahe Meer. Auf einem Sitzplatz vor dem Haus und seitlich sah ich durch einige riesige Platanen in die Gartenwirtschaft. Es war alles ganz ruhig und ich konnte nur staunen, daß es so etwas auf der Welt noch gibt. Ich schloß mich an ein junges griechisches Ehepaar und ihren Bub an zu einem Spaziergang. Sie sagten, weiter oben befinde sich ein großer Wasserfall und wir wanderten durch einen herrlichen Wald aufwärts, es ging höher und höher, vorbei an einem Bauernhaus, wo einige Touristen zelteten, es folgten grüne Matten mit weidenden Ziegen und Schafen, bald waren wir im schattigen Laubwald. Es waren alles mächtige Bäume. Bald fanden wir eine zementierte Wasserrinne, der wir aufwärts folgten. Sicher kam sie vom Wasserfall. Aber es dauerte sehr lange, ich kam kaum noch mit. Die jungen Leute aus Saloniki waren auch das erste Mal hier und hatten gedacht, es sei näher. Sie waren ganz leidenschaftlich in ihrem Entdeckerdrang. Nun seien sie einmal hier, nun wollten sie den Wasserfall auch sehen! Sie gingen rascher, ich blieb zurück, folgte aber noch, so gut es ging. Plötzlich ein fröhliches Rufen! Ich hörte ein Brausen und bald stand ich vor einem sehr breiten Bach, der mit starkem Gefälle, wie über eine Freitreppe, aus einer Schlucht hervorbrach. Wir überquerten ihn auf der schmalen Zementrinne. Meine Begleiter waren der Auffassung, das sei noch nicht der richtige Wasserfall, er könne aber nicht mehr weit sein. Ich sagte, ich wolle warten und setzte mich auf einen Baumstumpf. Der breite Bach hatte die Bäume zur Seite gedrängt, so daß ein Stück Himmel hereinragte, ja ich sah sogar einen Gipfel des Fengari, ein paar Sonnenstrahlen spielten in den Wellen des Bachs. Ich erlebte ein Stück schönste Waldeinsamkeit, noch vertieft durch das sehr Besondere dieser Insel. Bald kamen die jungen Leute zurück, hatten aber den Wasserfall nicht gefunden. Wir eilten nun rasch wieder dem Meer zu, um vor Einbruch der Dämmerung aus dem Wald zu kommen.

Inzwischen hatte sich die Szenerie im Dorf Lutro ganz verwandelt. Überall neben den Tavernen saßen schmausende Menschen. Es roch nach Fisch und Gegrilltem. Man sah Weingläser blinken, hörte verschiedene Sprachen und fröhliches Lachen. Ein wenig später kamen junge Burschen, wahrscheinlich Griechen. Sie drückten auf den unvermeidlichen Knopf, es war aus mit der Ruhe und sie kehrte auch in den folgenden Tagen nie mehr zurück. Von allen Winkeln her tönte Musik, es gab viele Lautsprecher, die oft gleichzeitig ganz verschiedene Melodien über das Dorf plärrten. Es mußte eine Fata Morgana gewesen sein bei meiner Ankunft und es wäre doch so wunderbar gewesen. Ein ruhiges Dorf am Meer unter Platanen!

Besonders unter mir war es laut, und ich suchte mir am anderen Morgen ein anderes Quartier. Früh morgens machte ich mich auf. Wanderte etwas am Berg hoch, bis ich zum äußersten Haus kam. Gemütlich saß eine Gruppe Menschen beim Frühstück im Freien unter einem großen Vordach. Die Dame stand auf, es war eine deutschsprechende Griechin. Sie machte mir ein äußerst günstiges Angebot und zeigte mir ein herrliches Zimmer. Es war groß mit französischem Bett, von dem aus man direkt das Meer sah im Liegen. Wunderbar! Ich griff gleich zu und ließ ein anderes bescheideneres, bei einem Mann Michali, ein gütiger alter Mensch, das ich vorher angeschaut hatte. Aber oh weh, auch mein neues Quartier entpuppte sich als Kneipe, wo Tag und Nacht ein Lautsprecher schrie – nur eben auch zufällig bei meiner Ankunft nicht. Zudem war das Zimmer sehr kalt, obwohl es inzwischen Juli war. Es lag nach Norden und es gewitterte fast jeden Tag. Einmal blieb ich einen ganzen Tag im Bett. Ich las, träumte aufs Meer hinaus durch die zarten blaugetönten Voile-Vorhänge vor meinem Fenster und hörte dem Regen zu, der einen ganzen Tag lang und eine Nacht als Wolkenbruch niederging.

Ja, einmal war ich auf einem entlegenen Hof, weit oben in den Bergen zu einer Hochzeit eingeladen. Neben ihren großen Familien hatte das in Deutschland arbeitende, schon etwas ältliche Brautpaar, auch alles an Touristen eingeladen, was in der Nähe war. Es war lustig, man mußte vom Parkplatz aus an einem Bach entlang abwärts gehen. Da dieses Rinnsal viel zu viel Wasser hatte, mußte man hin und her darüberhüpfen, es war reine Glückssache, daß man nicht hineintapste! Schließlich war man dort. Es waren viele junge Deutsche da, die überhaupt nur an den Stränden schliefen. Die Trauung hatte vorher in einer entzückenden und ganz winzigen Kapelle am Meer stattgefunden. Man kann sich vorstellen, wie ergreifend und wie malerisch es war. Nun, nach der Bachhüpferei im Bauernhof angekommen, fanden nicht alle Platz im Haus, es waren lange Bänke und Tische auf der Wiese aufgestellt. Ich fand einen Platz auf einer Altane mit Vordach, denn ich kannte das Haus vom Tag vorher und sah die aufziehenden Wolken. Als die Tische mit dem festlichen Mahl gedeckt waren, prasselte ein Wolkenbruch herab und im Nu waren die deutschen Pfadfinder, die in ihren schönen weißen Hemden gekommen waren, bis auf die Haut naß. Eines der Mädchen, der es genau so gegangen war, flüchtete sich zu mir auf die geschützte Altane und sagte: „Was soll ich bloß machen, ich erkälte mich so leicht und der Regen kühlt jetzt auch noch sehr ab. Schauen Sie, wie naß ich bin." Ich gab ihr etwas von meinem Essen und sagte schließlich: „Am besten gehst du hinüber in die große Stube zu den anderen, dort gibt es Ouzo und da mußt du eben einfach so ein paar Schnäpse trinken, dann wirst du warm." Sie nahm den Rat an! Wie die alle in jener Nacht bloß am Strand geschlafen haben ohne Zelte? Ich jedenfalls mußte wieder den Bach entlanghüpfen, er war inzwischen reissend geworden und es half nichts, man mußte hindurch! Nachher kam ich in mein warmes Zimmer, denn zu jenem Zeitpunkt war ich schon umgezogene. Ich wohnte neben dem „Heiligtum der großen Götter." Das, d. h. die Nike von Samothrake war ja mein großes Ziel gewesen auf dieser Insel und ob es auch immer das Wichtigste und Schönste geblieben ist, sehe ich jetzt im Rückblick, daß Samothrake mir noch so vieles anderes geboten hat, wenn ich nur an den Eselsritt denke!

Eines Morgens beschloß ich, nach Chora, dem Hauptort in den Bergen, zu wandern. Ich fragte meine Wirtin nach dem Weg und sie gab so eine typisch südländische Orientierung, indem sie mit dem ausgestreckten Arm mit großer Geste den Berg hinaufwies. Das war alles und die Bemerkung, es sei ganz nah. Ich machte mich auf den Weg. Es war schon allein schwierig aus den mit Hecken begrenzten Wegen und Hohlgassen des Heiligtums der großen Götter herauszufinden und nachher wußte ich dann überhaupt nichts mehr. Ich sah nur, daß ich in einer dieser klassischen Einöden stand, die sich so weit ausdehnte, wie ich sehen konnte. Hinter mir das Meer, als sichere Orientierung, wo ich ja aber gerade nicht hinwollte. So lief ich halt dem nächsten Weg nach bis an eine Abzweigung, wo ich wieder nicht weiter wußte. Aber was soll's, ich wählte halt einen von zwei und hoffte, daß es der richtige sei. Weit und breit war kein Mensch, keine Ziege, eigentlich gar nichts, nur der Fengari kam immer herrlicher aus dem Frühnebel heraus, je weiter ich ging. Blaue Wegwarte begleitete mich, Odermennig, Mohn und Margeriten. Das meiste aber waren Steine. Nah konnte das Dorf nicht sein, denn als ich schon müde wurde vom Gehen, war es immer noch nicht in Sicht. Da auf einmal kam eine Frau hinter mir heraufgeritten. Sie rief mich lustig an, ob ich nicht hinter ihr auf den Esel springen wollte? Welch eine Chance, aber wie sollte ich denn da aufspringen? Schließlich bin ich kein Cowboy. Sie ritt vorüber und gleich drauf bereute ich es. Wie herrlich wäre es zu reiten und nicht mehr gehen zu müssen. Es wurde schon sehr warm, war steinig und wer weiß noch wie weit. Kaum hatte ich das gedacht, hatte sich's die Frau auch anders überlegt. Sie wendete den gaiduri und kam zurück. Sie stieg ab und half mir nun hinauf, ließ den Esel ein Stück gehen und schwang sich hinter mir auf! War das nicht prima? Ach, es war ein herrlicher Ritt. Ich tat mir jetzt nicht mehr selbst leid, sondern der Esel! Es wurde steiler und steiniger, aber es kamen auch Kurven, es ging um weiche weite Bergrücken herum, über die unvermeidlichen Bergbäche und manchmal hindurch und das Land wurde immer großartiger. Wir kamen richtig in die Berge. Die Farbe der Felder war ganz grau mit einzelnen leuchtenden Blumen. Die Frau wies hinab, je höher wir kamen, um so besser sahen wir auch das tiefblaue Meer. Der Esel ging rasch, wurde von ihr auch angetrieben. Sie hatte offenbar durch mich Zeit verloren, vielleicht wollte sie etwas auf dem Markt feilbieten. Unterhalb des Dorfes bat sie mich, abzusteigen. Eine kleine Mauer, die sie wohl kannte, half uns dabei. Ich wollte ihr etwas Geld geben, aber sie nahm nichts an und rief schon „Kali mera!"

Als ich nachmittags zurück kam, wußten es bereits alle Nachbarn und meine Wirtsleute. Sie wußten überhaupt immer alles, auch daß ich auf der Hochzeit gewesen war. Aber das ist nun nicht alles, es gab noch eine ganz große Attraktion. Lutra, wo ich die ersten fünf Tage gewohnt hatte, gebe es ein Thermalbad, hieß es. Ja, aber wo? Ich konnte einfach nichts finden, bis es mir eine feine Dame zeigte, Despina aus Athen, die Frau eines Arztes. Sie stieg neben der Bushaltestelle aus ihrem roten PKW, parkte und ging mit mir auf einen alten Stall zu, machte die Tür auf und ich sah ein Wasserbecken in einem düsteren Raum mit düsterem Wasser, einem einfachen Zementboden, auf dem an der Wand entlang ein paar alte Bänke standen. Oben sah man in's offene Gebälk, irgendwo waren auch ein paar kleine Fenster, sie standen offen und waren von unten nicht erreichbar.

Es war mir gleich klar, daß ich in dieser Schmutzbrühe und unsauberen Umgebung niemals baden würde. Soweit man den Grund des Beckens sah, machte er einen miesen Eindruck. Es hatte sich allerhand niedergeschlagen, wie das in Wasserbecken so ist. Despina hatte noch zwei Freundinnen bei sich. Eine dicke, alte, gutmütige Frau, namens Katrina und außerdem noch Maria aus einem Dorf vom anderen Teil der Insel. Sie zogen sich ungeniert aus und stiegen in das sonst leere Becken. Ich winkte ihnen zu und ging rasch hinaus. Ich ging eine kleine Steintreppe neben dem Haus empor und kam an eine Wasserrinne. Ein dünnes Rinnsal rauchenden Wassers floß hindurch und wurde von dort in das Badehaus geleitet. Ich streckte meine Hand hinein, es war heiß und roch nach Schwefel. Ich fand einen kleinen Brunnen unter einem Holderbusch, wo ich das Wasser trinken konnte. Es reizte mich ungemein, hier so eine kostenlose Badekur zu machen. „Ach was," sagte ich mir schließlich, „wenn's den andern nichts schadet, wird's mir auch nichts ausmachen" und schwupps war ich drin! Ich wurde mit freudigem Hallo begrüßt. Man war ganz nackt, denn jetzt sei Damenbad, die Männer kämen nur früh morgens von sechs bis acht. Es war sehr angenehm, gab seichtere bis ganz tiefe Stellen. Ich schwamm einmal durch. Die dicke Katrina bewunderte mich. Sie schöpfte mir Wasser über die Schultern, als ich neben ihr stand. Maria begann uns nacheinander den Nacken zu massieren, kurzum die Frauen waren ungemein nett zueinander und ebenso zu mir. Als ich einmal aus dem Tiefen zurückschwamm, erblickte ich eine brennende Kerze vor einem Madonnenbild. Diese also wurde jedesmal mit geübten, zarten Händen von Despina angezündet und ein Geldschein in die kleine Kasse gelegt. Mit welcher Behutsamkeit, ja Andacht griechische Frauen Votivkerzen anzünden, habe ich immer bewundert. Sie machen es mit so vieler echter Schlichtheit und Zuwendung zum Geistigen, daß man fühlt, das ist ein gutes Volk mit guten Müttern und Frauen.

Despina war aber nicht nur darin vorbildlich, sie war es in allem, ein beglückender Mensch. Wenn sie da war, war alles gut und was sie tat, hatte Gewicht und Geltung. Sie war eine Persönlichkeit! Von großem sozialem Interesse. Sie putzte den Kindern an der Straße erst mal die Nase mit ihrem Taschentuch, hatte für jeden ein freundliches Wort und nahm an allem teil, an allen Problemen, sagen wir mal. Ich schrieb ein Porträt von ihr, und als sie wieder nach Athen zurückfuhr, kam ich von weither in den Hafen, um ihr ein paar Blumen zu bringen. Freilich hatte ich ja keine Blumen, aber wie ich durch die Dorfstraße ging, kurz vor Abfahrt des Dampfers, sah ich eine Frau in ihrem über und über blühenden Hausgarten. Ich sagte ihr, was ich vorhatte und sie reichte mir ohne weiteres einen hübschen Strauß Rosen über den Zaun. Despina konnte ich kaum noch sprechen. Ich steckte ihr nur schnell die Blumen zu, dann verschwand sie mit ihrem roten Auto im Gewühl, denn ihr Wagen mußte noch mit dem Kran an Deck gehoben werde. Später sah ich ihr feines aristokratisches Gesicht, wie sie noch herunterwinkte mitten in eine Clique Verwandter und Freunde hinein.

Traurig wanderte ich zurück. Sie gehört zu den Menschen, die einem ab und zu tröstend einfallen. Darf ich gleich noch von einer anderen netten Begegnung sprechen? An einem Nachmittag fuhr ich mit dem Bus zur anderen Seite der Insel. Eigentlich wollte ich Katrina besuchen, soweit kam es aber nicht. Stets auf der Suche nach ruhigen Winkeln, ohne Motorenlärm, stieg ich schon vorher aus. Der Bus war nämlich in eine Seitenstraße eingebogen, fuhr etwa zwei Kilometer durch einen Hain silbriger Olivenbäume und hielt schließlich an einer kleinen Kirche, neben zwei Häusern. Auf dem kleinen Platz blühten hellrote Oleanderbüsche und Jasmin. Weit und breit war kein Mensch zu sehen. Spontan stieg ich aus. Der Bus verschwand wieder in der silbrigen Allee, die er gekommen war und ich blieb ganz allein zurück. Neben der Kirche fand ich einen geflochtenen Stuhl. Wie angenehm! Echt griechisch! Für Geruhsamkeit und Besinnlichkeit ist öfters gesorgt als sonstwo. Ich setzte mich in den Schatten der Oleanderbäume. Es roch betäubend nach Jasmin. Ein paar Bienen summten vorbei, sonst war kein Laut zu hören. Ich ging in die Mitte des kleinen Platzes und schaute umher. Ein wie anderes Landschaftbild hier als drüben an der Nordküste. Der Landstreifen zwischen Meer und ansteigendem Gebirge war hier viel größer. Felder und Olivenhaine breiteten sich aus. Die steil aufsteigenden Berge waren weit. Auch waren sie hier aufgespalten in ein ganzes Bergmassiv, um dessen Gipfel die Sommerwolken spielten. Ein Tal führte zu ihnen hin und ich wanderte dorthin weiter auf der kleinen asphaltierten Straße. Es war sehr heiß. Ich spannte meinen Schirm auf. Ab und zu lag etwas zurück in Gärten ein Bauernhaus. Schließlich kam ich sogar an einem kleinen Rathaus mit Aushängekasten vorbei. Irgendwo wurde Heu aufgeladen und ich sah endlich auch Menschen. Sie beachteten mich nicht weiter und störten sich nicht in ihrer Arbeit. Plötzlich hörte das Sträßchen auf. Ich ging auf einem Wiesenpfad weiter. Sah immer wieder eine Wäsche, die zum Trocknen aufgehängt war und dahinter einen Hof. Allmählich wurde ich hungrig und durstig, aber an eine Taverne war hier wohl nicht zu denken. Im Vorbeigehen bewunderte ich viele handgewebte Sachen, Kleider und Teppiche, die über Zäune zum Lüften hingen.

Schließlich mündete mein Weg an einer Hecke mit einem kleinen Holztor. Ein Hund schlug an, der aber gleich von einer Frauenstimme zurückgerufen wurde. Eine schlanke, dunkelhaarige Griechin erschien. Sie sprach ein wenig mit mir an der Pforte und lud mich dann ein näherzutreten. Wir kamen in ein kleines bäuerliches Anwesen, fast so wie es früher bei uns im Schurwald gewesen war. Unten in Haus der Stall und oben ein Zimmer und eine Küche als Wohnraum. Das war alles, nur war es ungleich viel malerischer. Die Holzstiege lief außen am Haus empor, es gab von Wein überrankte Balkone und überall eine blühende Wildnis. Die Frau mochte 50 Jahre alt sein, Eyridike. Diese einfachen Leute tauschen immer schon bald gerne die Namen aus. Sie nötigte mich an einem runden Gartentisch Platz zu nehmen, ging ins Haus und kam mit Brot, Käse, Oliven, etwas Fleisch und Wein wieder zurück. Es schmeckte alles vortrefflich. Sie bestand darauf, daß ich auch noch ein Honigbrot aß und machte natürlich noch einen türkischen Kaffee. Dabei erzählte sie mir aus ihrem Leben. Es waren sehr arme Bauern, doch waren sie glücklich, daß sie in diesem stillen Winkel leben konnten. Sie brachte ein paar Fotografien. Ihre jüngste Tochter würde in sechs Wochen heiraten und sie und ihr Mann konnten dann gleich ihre silberne Hochzeit mitfeiern. Es galt, äußerst zu sparen auf diese Festivitäten. Nun, das Essen hatten sie ja selbst. Aber Eyridike brauchte noch ein Festkleid. Nachdem ich soviel genossen hatte, freute ich mich, daß sie etwas Geld von mir annahm. Sie bat mich, doch in einem anderen Jahr wiederzukommen, was ich Anbetracht meiner Jahre ja nicht fest versprechen konnte. Wir verabschiedeten uns, ich schlüpfte durch die Heckenpforte und wanderte glücklich den Weg zurück. Hier fand man doch fast überall noch die altgelobte griechische Gastfreundschaft. Dies ist aber im übrigen Griechenland nicht mehr möglich, dazu gibt es zu viele Touristen! Für mich war es aber noch aus einem anderen Grund so schön gewesen, dort ganz in der Stille zu sitzen und zu essen, nämlich weil ich allein und ohne Wagen reise. Ich kann nicht wie die meisten Leute einfach irgendwo meinen Wagen anhalten und picknicken und die Einsamkeit ist zudem heute auf der ganzen Welt gefährlich.

Es war schön zurückzuwandern. Ich ging etwa fünf km, auch durch den herrlichen Olivenwald bis zur Bushaltestelle an der Hauptstraße. Über das Schönste und Wichtigste von der Insel Samothrake habe ich aber noch nicht gesprochen. Einmal wollte ich es bis zum Schluß aufheben und zum andern, es fehlen mir einfach die Worte. Jeder, der Sinn für die Antike hat, sollte einmal selbst hingehen. Ich kam dort an einem schönen Morgen ans Museum und suchte durch schlecht bezeichnete Heckenwege, oft an steilen kleinen Anstiegen, den Weg zum Heiligtum. Zuerst ging es an einer der entzückenden kleinen Waldkapellen vorbei. Ich trat kurz ein, es war noch etwas wie eine urchristliche Stimmung darin und ich glaube es ist für manche Besucher eine gute Vorbereitung auf die alten Tempelruinen. Viel zu spät beginne ich nun davon zu erzählen.
Das Wichtigste war mir die „Nike von Samothrake" (S. 83). Das hat eine Vorgeschichte. Mit 14 Jahren wurde ich im deutsch-französischen Schüleraustausch zum erstenmal ins Louvre geführt. Und nicht nur ins Louvre, in viele andere Museen und nicht nur in Museen, sondern ganz Paris mußte ich zehn Tage lang „besichtigen". Ich war ganz kaputt, so daß ich sogar einmal entwischte und auf eigene Faust mit einem Seinedampfer heimfuhr nach Meudon-Haut. Danach wurde ich von meinen Gastleuten, die Gott dankten, als ich wieder auftauchte, zum Reisegenie gestempelt. Vielleicht hat das nicht wenig dazu beigetragen, daß ich nun ständig unterwegs bin. Jedenfalls damals im Louvre sollte ich auch die

Venus von Milo bewundern. Aber sie gefiel mir nicht. Diese einfache nackte Frau sollte schön sein? Dazu noch ohne Arm! Für das Klassische war ich wohl noch nicht reif. Als ich aber eine der vielen Treppen hinaufgehen wollte, erblickte ich oben eine Statue, die mich so ergriff, daß ich Herzklopfen bekam. Ich war tiefbewegt von ihrem herrlich wallenden Faltengewand, den weichen weiten Schwingen. Sie war so lebendig und hinreißend und für mich kleine, große Romantikerin ideal. Ich konnte nicht genug von ihr bekommen, vergaß sie auch nicht mehr und merkte mir sogar den Namen: „die Nike von Samothrake". Als ich dann etwa 40 Jahre später auf meine erste griechische Insel kam, nämlich nach Thasos, erfuhr ich, daß nicht weit davon Samothrake liegt. Ich erinnerte mich an die Nike und stellte mir nun vor, daß das herrliche Standbild echt oder als Kopie dort auf der Insel am Ende einer Allee - oder in einem Gebüsch von Pinien stünde. So sah ich sie stets vor mir, vom Meer umrauscht, herrlich auf einem Marmorsockel. Das also, oder Ähnliches, erwartete ich nun, als ich das Gelände des Heiligtums betrat. Aber als ich die fast unwegsamen Pfade in ein Gebirgstal emporsteigen mußte durch Gestrüpp, sank mir fast der Mut. Es war ein herrlicher Morgen. Kein Mensch zu sehen außer mir. Daß es so etwas überhaupt gibt mitten im Sommer? Schließlich ging es durch ein großes Tor, das man wieder schließen mußte. Dahinter gelangte ich auf einen kleinen Felsplatz und nun zeigte sich mir ein herrlicher Anblick. Das Gelände senkte sich wieder leicht abwärts in eine kleine Talschlucht hinein, die in sich wieder vielseitig gewellt war bis sie allmählich wieder anstieg und in dieser Bewegung immer neue Ruinen gebar. Bald ein Theater, natürlich alles nur Mauerreste, bald eine Opferstätte, bald einen gewaltigen runden Bau mit einem Fries, eine riesige Halle mit Säulenstümpfen und in der Mitte wundervoll fünf wieder errichtete kannelierte Marmorsäulen mit ihren riesigen Trommeln. Bäume und Gebüsch wucherten zwischen all dem, Eidechsen sonnten sich, es war ganz still. Ein wenig Meeresrauschen, da gerade ein leichter Ostwind ging. Hätte ich nicht meine Nike gesucht, ich hätte keinen Führer gezückt, doch so war ich eifrig auf der Suche. Schließlich fand ich weiter oben auf einem kleinen Plateau einen Steinblock, das sollte der Sockel der Nike gewesen sein! Sie war also gar nicht da! Ich erfuhr nachher, daß sie fünf Minuten entfernt als Plastikfigur im Museum steht. Ich war zuerst entsetzt, aber die „Plastik" war doch sehr schön und wirkte wie Marmor. Nun stellte ich auch erst einmal fest, daß diese Nike nicht nur keine Arme, wie die Venus von Milo hat, sondern auch keinen Kopf! Das hatte ich noch gar nicht gemerkt, wahrscheinlich wegen den wunderbaren weiten Flügeln. Ich bedaure, daß sie nicht im Freien steht. Warum kann man nicht eine weitere Kopie aufstelllen? In den Ruinen von Delos sieht man noch die Statuen eines antiken Ehepaares und das habe ich immer sehr schön gefunden mitten in den Trümmern. Am Ende des Heiligtums in Samothrake steigt das Gelände steil an, in kleinen Schluchten blühen Oleander und wilde Blumen, Disteln und Gras. Hinter dem Drahtzaun grasen Ziegen. Ich lasse jetzt noch ein paar Notizen folgen, die ich dort machte, um ein wenig die einmalige Stimmung zu schildern: Diese Landschaft ist allein schon eine Offenbarung. Das unerwartete Auftauchen der 9 korinthischen Säulen – die absolute Stille – der herrliche grünen steil aufragenden Berge, der Fengari! Alte Mauerreste – Rotunden – ein Amphitheater – die heimeligen Mulden, Bächlein, riesige Farnkräuter – ringsum das Geläute der Ziegen: schwarze weiße, graue, zottelige, kurzhaarige, alte und Lämmer mit fröhlichen Sprüngen, alle außerhalb des riesigen Parkes. Ölbäume, hohe Farnbüsche, die Luft erfüllt von Kräuterduft und dem Zirpen der Zikaden – neben hellem Marmor ganz dunkles, auch rotbraunes Gestein – Jahrtausende verjüngt und umjubelt von dem blauen Junitag nach tagelangem Regen. Die Erde duftet – die uralten Steine sind reingewaschen Schmetterlinge – in der kleinen Schlucht vor einem Tal glühendroter Oleander, herrlich halbwildes Gebüsch – viele kleine Wege verlieren sich in immer neuen Tempelresten – der Name Ptolemäer taucht auf – endlich der Sockel der Nike – stand sie wirklich einmal hier in ihrer bewegten Schönheit? Andere Schwestern von ihr stehen im Museum. Sie wirken wie verschüchtert, unterentwickelt neben der prachtvollen Selbstbewußten. Beim Abstieg erblicke ich die fünf Säulen. Ich zeichne sie ab. Beim Abwärtswandern zeigen sie sich in immer neuer Perspektive, bald ein Reigen, bald geschwisterlich vertraut, bald als stolze, einzelne Persönlichkeiten, dann wieder wie ein halboffenes Tor zu jenen Einweihungen. Konnte es je herrlichere Offenbarungen geben als diesen Morgen heute selbst? Die Gedanken beflügeln mich! Es ist ein wunderschöner Ort.

An diesem Ort war ich nun oft. Die Wärter erlaubten mir zu jeder Zeit, wann ich wollte, dorthin zu gehen und so habe ich dort viele stille und schöne Stunden verbracht. Schließlich kam aber doch der Tag der Abreise. Ich wurde befreit von den sieben Katzen meiner Hauswirtin. Sie waren immer hungrig miauend an mir emporgesprungen, wenn ich an den Eisschrank ging und schließlich habe ich erfahren, daß die Wirtsleute auf dem Standpunkt standen, die wohlhabenden Touristen aus Deutschland sollten ihre Katzen ernähren, ich war da andrer Meinung und boshaft sagte die Frau bei meinem Abschied: Am liebsten möchte ich Ihnen eine Katze mitgeben! Sie, wie auch ihr Mann und meine erste Wirtin in Lutro waren etwa 15 Jahre lang Gastarbeiter in Deutschland gewesen und ich mußte feststellen, daß sie nun einen ganz anderen Charakter hatten als die Griechen sonst. Erstens einmal waren sie leicht verletzlich, dann aber auch etwas herrschsüchtig, sehr berechnend, fast frech neben manchen guten Eigenschaften, die sie natürlich auch hatten. Jedenfalls atmete ich auf, als ich am letzten Tag noch in einer griechischen Wirtschaft bei einem netten, fröhlichen Wirt ein Zimmer bekam. Es ging direkt aufs Meer hinaus und ich konnte von dem typischen Umlaufbalkon solcher Gebäude, vom zweiten Stock aus stundenlang den Schiffen zusehen. Ein buntes fröhliches Bild. Zuerst am Vorabend konnte ich mich noch von einer netten schwedischen Lehrerin verabschieden, als sie Richtung Athen davonfuhr. Sie war begeistert, wie billig es in Griechenland ist, verglichen mit ihrer Heimat. Mit mir nahm ihr amerikanischer junger Freund von ihr Abschied, er mußte in drei Stunden in Richtung Alexandropolis abdampfen. Ich wunderte mich, daß er sich nicht mehr in Abschiedsschmerz stürzte, bis er mir gestand, als die Schwedin nur noch in der Ferne winkte, daß er gar kein Geld mehr habe. Die beiden waren drei Tage unzertrennlich gewesen. Nun hatte er angeblich nur noch sein Ticket zum Flugplatz und von dort nach den Staaten, aber er wisse im Hafen hier eine kostenlose Dusche und da wolle er jetzt erstmal hingehn. Ich tröstete ihn und sagte: „Setzen Sie sich auf der Reise nur immer zu den Einheimischen. Sie packen in den Zügen und auf den Schiffen immer gleich riesige Fresskörbe aus und geben jedem davon." Er atmete erleichtert auf und verschwand mit seinem Huckepack Richtung Meer, wo irgendwo eine Dusche sein mußte.

Eigentlich hatte ich nach zehn Inseln doch eigentlich genug haben können und heimfahren. Das wollte ich auch. Aber bei dem Gedanken, daß ich vielleicht nie mehr wiederkommen würde, wollte ich unbedingt noch drei Orte aufsuchen, die ich zwar kannte, aber nicht genug! Diese Orte heißen: Chalkidice, Kastoria und Ioannina. Es war ganz eigenartig in Thessaloniki die Busse zu studieren und nun wieder ganz Landratte zu werden. Ach diese riesigen Straßen, Häuserschluchten, der Krach und Gestank. Und doch liebte ich auch wieder das Land. So bin ich eben. Ich liebe alles und deshalb kann ich auch überall hinreisen. Auf der Chalkidice war es so: Wo ich vorher schon war, fand ich es schrecklich verunstaltet, wo ich vorher noch nicht war, gefiel es mir und besonders ein Meerbad war ein herrlicher Genuß. Das Wasser war azurblau und warm. Es war wunderschön. Die Fahrt nach Kastoria war voll Erwartung und erfüllte alles.

Kastoria

Es ist wieder ganz anders als alle andern Orte auf der Welt! Es ist sehr charakteristisch, particular, wie man auf englisch sagt. Ich mußte erst einen ganzen Tag mit dem Bus durch Täler und Berge fahren, immerzu nach Westen, der Heimat entgegen sozusagen. Nach Kastoria geht selten ein Tourist und doch habe ich dort zwei, wieder einmal besonders nette deutsche Touristen getroffen. Ein Paar. Aber nicht gleich. Zuerst goß es einmal fast zwei Tage lang und fast ohne Pause. Dabei hatte ich meinen Schirm in Thessaloniki zurückgelassen in der festen Annahme, daß es nun endlich Sommer sei in Griechenland! Vom Bus aus mußte ich erst einmal in einer engen Straße – zusammen mit dem ganzen Stadtverkehr – auf einem schmalen Bürgersteig einen steilen Berg hinaufgehen. Hätte ich doch einen Bus genommen! Aber das ist es bei mir immer. Komme ich irgendwo an, möchte ich erst einmal losstürmen in die neue Umgebung. Mich mit langen Informationen aufzuhalten liegt mir nicht.

Nach einiger Mühe gelangte ich auf einen Platz, der wie eine Terrasse wirkte, wo glaube ich das Rathaus o. ä. stand. Von dort ging's in neuem Spurt empor, an einer Stelle wurde das Ganze so eng wie ein Nadelöhr, daß man aufatmete, als es sich wieder ausweitete wie eine Bessemer Birne. Als ich noch lange nicht oben war, gab ich auf. Ich suchte erst einmal eine Unterkunft für mein Gepäck und dann eine für mich, d. h. für uns beide. Wenn es nur nicht so geregnet hätte, das kann einem wirklich die ganze heiße Reiselust versauen. Zuletzt möchte man gar nichts mehr, als ins Trockene. Ich mußte erst einmal feststellen, daß Kastoria mit seinem besonderen Aroma auch besonders teuer ist mit seinen Hotels. Ohne dabei besonderes zu bieten. Aber ich ärgerte mich nicht, denn ich liebe eben Kastoria von früher her, obwohl ich gar nichts Besonderes dort erlebt hatte und es damals sehr neblig war und auch regnete. Aber ich liebe einfach seine Atmosphäre. Erstens liegt es auf einer Halbinsel in einem großen See. Darin spiegeln sich Obstplantagen und ernste Wälder, neben vielem anderem natürlich! Das andere sind die 71 tausend Jahre alten Kirchlein aus byzantinischer Zeit. Diese wunderbare Architektur mit ihren Fresken lichter Engel muß man eben dort einmal gesehen haben, um zu verstehen, wie ich es liebe. Früher waren die Kirchen einfach offen und das war gut. Plötzlich war da wieder eine, etwas Kleines mitten unter den Großen und beim Eintreten – während es draußen doch neblig und kalt war – diese Herrlichkeit!

Aber deshalb sind die Hotels nicht teuer in Kastoria. Das hat einen ganz, ganz anderen Grund! Es ist wegen des dort konzentrierten und florierenden und Jahrhunderte alten Pelzhandels. Jedes zweite Haus ist eine Kürschnerei, wo Pelzmäntel ausgestellt sind. Das Zimmer, das ich schließlich fand, hatte, obwohl es sehr einfach war, natürlich ein Telefon. Das braucht man in dieser Geschäftsstadt, wo große Ver- und Einkäufe getätigt werden und wo auch jeder gleich als Kunde betrachtet wird, wenn er auftaucht. Ich mußte jedenfalls meinen Telefonhörer in der Nacht einfach ablegen, weil ich dauernd angerufen, eingeladen usw. wurde, das waren natürlich Pelzhändler, die Kontakt suchten. Mindestens war es einer, der es immer wieder probierte. Ich kam mir unendlich wichtig vor. Am nächsten Tag erklomm ich den steil ansteigenden Berg vollends. Er wird von einem großen Platz gekrönt in den viele Straßen münden. Man sieht unter sich auf verschiedenen Seiten den See, weiter draußen dunkle Wälder und es soll auch kalt werden und sogar schneien dort. Ich glaube, früher reichte der Pelzhandel bis Rußland. Und das macht alles so interessant. Obwohl es eine ganz einfache kleine Stadt am Ende der Welt ist, riecht es nach Geld, nach fernen Beziehungen, nach irgendwelchen interessanten Geschichten. Als der Regen aufhörte, trugen sie aus Cafés und Restaurants Polstermöbel heraus auf den Platz und die Herrn der Stadt saßen dort im Freien in Clubsesseln und rauchten und plauderten. Das habe ich sonst in der Art auch noch nirgends gesehen! Sie saßen dort wie Fürsten einer anderen Zeit, oder besser gesagt, gar keiner Zeit, in aller Ruhe.

Am zweiten Morgen hatte der Regen aufgehört und ich machte einen Spaziergang zum See. Ich mußte nun auf der anderen Seite des Berges genau so steile Straßen hinunterlaufen, wie zwei Tage zuvor auf der Vorderseite hinauf. Auf dem Weg hinab kam ich durch das alte Viertel, wo noch Häuser im alten Stil stehen. Eine Frau ließ mich eintreten und zeigte mir ihre Wohnung. Natürlich ist alles aus Holz. Es gibt innerhalb der Zimmer hübsche Galerien, zu denen man emporsteigen kann, um oben zu schlafen. Dann wanderte ich sehr lang am Seeufer entlang. Die Luft war besonders fein und dünn. Zusammen mit dem See hat die Landschaft etwas Transparentes. Es ist beruhigend und doch beschwingt und vor allem noch einsam, wahrscheinlich ein Naturschutzgebiet. In kleinen Schilfgebieten schwimmen Enten und Schwäne. Menschen begegnete ich nicht, bis ich an ein Kloster kam. Eine Anlage mit großen Bäumen, uralten Bäumen muß man sagen. Dort endlich lernte ich die zwei Menschen aus Frankfurt kennen. Sie hatten ein Zelt und erzählten mir von einem Pater. Dieser, ein großer dunkelbärtiger Mönch, fegte mit einem großen Besen den Hof. Er sagte: „Wartet nur, ich mache gleich einen Kaffee." Dann setzte er sich zu uns unter eine Platane und es gab ein feines Gespräch. In englisch natürlich. Wir hatten uns überhaupt alle drei so vieles zu sagen und tauschten am Schluß unsere Adressen aus, Als ich später heimkam, fand ich von ihnen eine Postkarte vor. Eigentlich waren sie ja in Kastoria erst gerade in Griechenland angekommen. Sie ließen sich viele gute Ratschläge geben, wo sie überall hinreisen wollten in Hellas mit ihrem Auto und Zelt. Ich gab mir die größte Mühe, ihnen das Schönste zu empfehlen. Diese Mühe hätte ich mir aber sparen können, denn auf der Postkarte stand: „Wir fuhren zuerst nach Delfi und fragten das Orakel. Dieses sagte, wir sollen auf den Südpeleponnes nach Githion fahren, viel baden und gut essen ... und das haben wir dann gemacht."

Nach Kastoria hatte ich nur noch ein Ziel in Griechenland: **D o d o n a**. Als ich dorthin kam, ging mir das Herz auf. Es war noch wie es war! Der jetzige Parkplatz störte nicht, das Kartenhäuschen auch nicht, im Gegenteil, es war ein so netter Mann drin, und die Reisebusse auch nicht, denn es waren ganz reizende Chauffeure und ein Bus nahm mich nachher mit zurück nach Ioannina. Ehe ich von Dodona selbst spreche, muß ich noch sagen, daß ich unter einer noch größeren Platane als in Kastoria, oder war es in Dodona eine Eiche? – ich glaube es war eine Eiche – eine kleine schwäbische Reisegesellschaft traf. Sie saßen gerade im Gras beim Picknick und luden mich ein. „Ha des isch aber nett! Sitzet'se no her zu ons! Woher kom'et'se denn?" Es war eine riesige Freude für mich nach fast drei Monaten einmal Landsleute zu treffen. Es war auch verlockend, am Picknick teilzunehmen, doch kam es mir aufdringlich vor, weil ich geradeso dazu gekommen war. Ich fragte sie deshalb, ob sie noch länger bleiben und sie sagten einstimmig: „Wir bleiben den ganzen Tag hier! Wir gehören nicht zu einer Reisegesellschaft, sondern reisen jedes Jahr mehrmals miteinander ins Ausland. Wir haben eine Ferienwohnung drüben am Meer in Igumenitsa. Heute ruhn wir uns einmal hier aus in diesem herrlichen Gelände." Es waren etwa acht Leute, Mütter mit Kindern, hauptsächlich erwachsenen Kindern, die bereits Federball spielten, und noch ein lediges Paar und noch jemand. Solche speziellen Gruppen geben einem gleich Rätsel auf, wie sie zusammengehören und aber auch, wie sie zusammenpassen, denn sie waren sehr verschieden in ihrer Art und wie man merkte, doch allerbeste Freunde. Solche losen Reisegruppen sind ja irgendwie beneidenswert, sie reisen weder unter dem Zwang einer organisierten Masse, noch der Familie, noch der oft schwierigen Aufgabe der Zweisamkeit und erst recht nicht der Einsamkeit. Dieses ist ihnen auch bewußt und so strahlen sie es aus, daß sie eben zu einem Glücksfall gehören. Sie werden verstehen, daß man sie nicht stören möchte, nicht irgendwie aus dem Gleichgewicht bringen. Ich meinte also vorsichtig, ich wolle erst einmal die Kirchenruinen und das Heiligtum anschauen, wenn dann noch ein Schluck Wein für mich übrig wäre, wolle ich ihn gerne genießen. Damit wanderte ich weiter in die großartige Szenerie hinein. Es fehlen mir einfach manchmal die Worte so einen Ort zu schildern. Hier bei Dodona, wo ich zum zweiten Mal war, ist es noch so, daß ich mich trotzdem nicht genau an Einzelheiten erinnere, was ich also sage, stimmt nur ungefähr so aus der Erinnerung gesehen.

Ich wanderte also von der kleinen Gruppe weg zu den Ruinen hinüber. Es war kurz nach Mittag und obwohl es nun heiß war, Ende Juli, ertrug man die Hitze nach den vielen abkühlenden Regen in jenem Sommer 1985 gern. Es segelten auch große Wolken über den Himmel, die Schatten spendeten und zugleich ein schönes Spiel verschiedener Lichtnuancen über die Landschaft ausgossen. Ich eilte erst einmal an allem Sehenswerten und zu Besichtigenden vorbei in den Hintergrund zu der heiligen Eiche. Dort lagen auf einem niederen Mäuerchen uralter, vergangener Tempel ein paar Mädchen. Es waren Griechinnen, die nicht so sehr das klassische Altertum studierten, sie hatten einfach ihren Sonntagsausflug hierher gemacht. Zuerst störten sie mich ein wenig – ich war nämlich sonst der einzige Besuch – doch jetzt in der Erinnerung denke ich gerne an sie. Die eine hatte einen Krauskopf, die andere spielte auf einer Mundharmonika. Schließlich gingen sie und ich konnte ganz meinen Gedanken nachhängen. Die verkrüppelte alte Eiche war zwar alt, aber doch sicher nicht Jahrtausende alt, sondern sie war immer wieder nachgepflanzt worden. Dodona, wo wir uns befinden, ist ein Heiligtum des Zeus und da ihm die Eiche geweiht ist, denkt man als Deutscher ja gleich an den Gott Wotan. Doch ist die Zeus-Eiche eigentlich nicht diesem höchsten griechischen Gott geweiht, sondern sie ist ein Symbol für ihn, ja viele sagen es noch anders, sie ist kein Symbol, sie ist Zeus selbst! Das heißt natürlich, so haben es die Griechen vor etwas dreitausend Jahren, als es noch lange kein Christentum gab, da Christus noch nicht geboren war, aufgefaßt. Es gibt aber inzwischen im Zeusheiligtum, oder daneben, eine frühchristliche Basilika.

   Ich lauschte dem Sommerwind in der alten Eiche. Jetzt in unserer Zeit, wo das große Baumsterben beginnt, hat man wohl Veranlassung, die Bäume zu lieben und zu verehren. Solche Gedanken hatte ich aber dort nicht. Ich nahm mir, wie bei einem ersten Besuch, ein paar Eichenblätter mit, um sie zu pressen. So oft ich sie jetzt hier Zuhause betrachte, freue ich mich daran. Die Umgebung der Eiche von Dodona, die wohl lange das einzige Heiligtum dort war, macht einen ganz glücklich. Ist es die schöne, halb verwilderte Ebene zwischen den welligen Bergzügen, die so schön abgerundet sind, sind es die uralten großen Bäume, das ausgetrocknete Flußtal, die ganze sich weit hinziehende Macchia? Die grünen Eidechslein, die sich sonnen, die wohlduftenden Kräuter, die Erinnerung an die alte Kult- und Kulturstätte? Es ist so still, denn Dodona liegt sozusagen am Ende der Welt. Bis zur Eiche kommt nur ein Bruchteil der sowieso wenigen Touristen. Kleine sandige Fußpfade schlängeln sich durch altes Gemäuer, das man sich nun an Hand von Reiseführern in seiner Phantasie zum alten griechischen Tempelbezirk aufbauen kann. Vielleicht ist es aber so, wie es jetzt ist, am schönsten, höchste Kultur wieder dem Schoß der Natur zurückgegeben, an die alten Berge gelehnt, die darüber Wache halten. Ja, es ist in Dodona, als wären die alten Bauten, wie das Gras und die Bäume ringsum aus dem Boden emporgewachsen und dorthin wieder zurückgesunken.

   Unter solchen Gedanken, oder eigentlich besser gesagt Empfindungen, war ich wieder vorgewandert bis ans Theater. Es schmiegt sich in den Berg, der es überragt und schützt. Es ist riesengroß und ich bewunderte die jungen Menschen, die trotz dreissig Grad Hitze rasch die riesigen Stufen emporstiegen. Oben wanderten sie das Halbrund aus, riefen sich auch einmal fröhlich zu, oder winkten herunter und mehr noch, knipsten herunter zu den zurückgebliebenen. Von allen Seiten wurde das Amphitheater emsig studiert und begutachtet, aber niemand wagte sich ins

Szenarium auf die Bühne, wenigstens nicht um etwas zum Besten zu geben, sondern nur um weiterhin gelehrte Sprüche zu machen. Das tat mir leid! Ich fragte eine der jungen deutschen Damen, die neben mir standen, ob sie einmal mit mir hineingeht, um ein Gedicht aufzusagen? Es war das wieder eine andere Reisegruppe aus dem Rheinland. Es waren so richtig moderne, gebildete und nette Menschen. Das Mädchen, sie mochte vielleicht 23 Jahre alt sein, machte mit. Wir einigten uns auf Goethes Mailied, da uns nichts anderes einfiel, was beide konnten. Sie gab mir die Hand, und nun doch mit einigem Lampenfieber, betraten wir das Rund von dem aus das Theater mit hunderten von Plätzen aufsteigt und man nun auf uns heruntersah. Als wir anfingen: „Wie herrlich leuchtet mir die Natur, wie glänzt die Sonne, wie lacht die Flur ..." begann gerade ein besonders schönes Wolkenspiel am azurblauen Himmel. Der leichte Sommerwind trieb ein paar kleine geballte Wolken über die Sonne, so daß sie bald verschwand, bald wieder hervorlugte, so daß es ganz wie ein Zuschauen von oben, von der Natur selbst war. Irgendwie fühlten wir uns stark verbunden mit dem All, es war wirklich wunderschön. Zum Schluß klatschten sie uns Applaus und wir waren kaum aus dem Ring getreten, stand ein junger Mann dort und sang laut schmetternd eine Arie! Es folgten noch zwei Darbietungen und ich war plötzlich von allen umringt. Von lauter wundervoller Jugend! Meine Partnerin bedankte sich noch bei mir, als ich weiterging. Sie sagte, ohne mich hätten sie das doch nicht gemacht und es sei so ein schönes Erlebnis gewesen. Wie an eine liebe Tochter denke ich an sie zurück. In diesem Theater werden im Sommer griechische Dramen aufgeführt.

Meine wackeren Schwaben fand ich noch unter der Eiche. Einer der Herrn las gerade aus einem Reiseführer eine Abhandlung über Dodona und die ganze Zeussage vor. Sie schmuggelten mir leise einen Becher tiefroten Wein, der dort schwarzer Wein heißt, zu. Wir tauschten noch unsere Adressen aus und eigentlich habe ich immer noch vor, sie einmal zu besuchen, falls es mir vor meiner nächsten großen Reise noch reicht. Mein erster Besuch in Dodona war ganz, ganz anders gewesen. Wie gesagt, der große Tourismus hatte dort noch nicht eingesetzt, außerdem war es im Winter. Ich kam im Auto mit einer griechischen Familie von Trikala über das Pindosgebirge nach Joannina. Dort werden die Berge fast dreitausend Meter hoch. Wir mußten über den 1705 m hohen Katara-Paß und unser Fahrer konnte im Schneegestöber kaum die Straße sehen. Die Familie sang, gut aufgelegt, viele griechische Lieder und irgendwo an der Straße in einem einsamen Gasthaus kehrten wir ein, es war schon Nacht, unter uns sah man die Lichter von Metsovon. Es gab eine echt griechische Mahlzeit mit Retsina und Weißbrot. Am anderen Tag ging ich ganz allein nach Dodona, wo ich auch allein blieb! Das Theater war damals noch nicht restauriert, es kam auch gerade ein Gewitter und außer der heiligen Eiche, von der ich einen kleinen Zweig mitnahm, kann ich mich an gar nichts mehr erinnern. Dagegen aber an etwas anderes. Wegen den aufziehenden Gewitter durfte ich in ein kleines Haus, eine Art Kate, eintreten, es ergab für ich eine wundervolle Erinnerung, die ich gar nicht vergessen kann. Zuerst brachte ich Donner und Blitz noch in Beziehung zu dem alten Göttervater Zeus. War es nicht bedeutend, daß ich gerade hier ein Gewitter erlebte? Es kamen mir vielerlei Gedanken dazu. Dann trat ich in das Haus. Eine freundliche Frau mit einem goldbraunen Kopftuch führte mich hinein. Ich zog meine Schuhe aus, denn das Wohnzimmer war ganz mit bunten, handgewebten Teppichen auslegte, d. h. es waren ganz einfache Flecklesteppiche. Sie wirkten sehr sauber und fröhlich zu den weißgekalkten Wänden und dem spärlichen Mobiliar. An einem schönen rohgezimmerten Eichentisch lief eine Bank entlang, die auch mit Flecklesteppich belegt war. An der Wand eine große Truhe. Sie war bunt bemalt in ähnlichen Farben wie die Teppiche. Es war hauptsächlich ein helles Blau verwendet durch das ziegelrote Streifen liefen. Ich setzte mich auf einen der geflochtenen Stühle und zog den andern heran, um, wie man das in Griechenland macht, meine Füße in dessen Gestänge abzustellen. Die Frau ging hinaus. Bald kam ein Mann herein. Er sagte kurz „kali mera", saß und legte sich dann auf eine Matratze, die mir vorher noch nicht aufgefallen war, da der Bodenteppich darüber lief. Die Frau entzündete nun ein Feuer und bald prasselte es herrlich im offenen Kamin. Die Wärme kam bis zu mir herüber, auf die Gestalt des Mannes warf sie einen rötlichen Schein. Er lag dort ganz friedlich und still, während sich draußen das Gewitter entlud. So etwas hatte ich vorher nur einmal hoch in den Bergen in einem ganz abgelegenen Dorf bei Andritsenä gesehen. Dort hatte ich den herrlichen und vor allem herrlichst und einsam gelegenen Tempel von Bassae besucht. Man hat einen weiten herrlichen Blick über das wilde Gebirge bis zum Meer, während man da oben in 1130 Meter Höhe steht. Dort lud mich eine Lehrersfamilie zu sich in ihr Haus ein und wenn der Lehrer nachmittags von der Schule kam, legte er sich gleich auf seine Matratze auf den Boden vor dem Kamin. Seine kleinen Kinder krabbelten über ihn hinweg. Nun in Dodona lag der Mann ganz allein in seinem Zimmer und das am hellen Nachmittag. Er strahlte eine solche gesammelte Zufriedenheit aus, daß ich mir innigst wünschte, auch so leben zu können. Nun, wo ich Rentnerin bin, denke ich manchmal an ihn – zwischen den Schreibe- und anderen Pausen liege ich doch auch oft auf meinem Lotterbett!

Ioannina
Am Nachmittag dort angekommen: Wo soll ich wohnen und schlafen? Nach längerem Fragen stellte sich heraus, daß es die Jugendherberge schon lange nicht mehr gab. Die Touristenpolizei sagte mir ein billiges Quartier, aus dem ich gleich wieder floh. Es hatte die Zimmerfenster nach innen in die Hausgänge, so daß jeder Vorbeigehende hineinschauen konnte, statt Licht Dunkelheit und statt frischer Luft ein Mief zum Fenster herein kam. Das Etablissement hatte auch bessere Zimmer, die waren aber um so viel teurer, daß ich mir dachte, für diesen Preis kann ich gleich in eine bessere Gegend gehen. In der Mitte des unteren Stadtteils sah ich ein großes altmodisches Hotel mit mehreren Stockwerken. Es mußte so aus dem Anfang des Jahrhunderts stammen, so eine Mischung von wilhelminischem und Jugendstil. Wahrscheinlich hat es das in Griechenland überhaupt nicht gegeben, aber so etwa sah eben das Haus aus. Ich stieg eine breite Steintreppe empor und kam in eine große Lobby im gleichen Stil, mit irgendwie türkischen Einfluß. Obwohl es für Griechenland ein schreckliches dreihundertjähriges Joch war, die Türkenherrschaft nämlich, ist es heute, nachdem es überwunden ist, für den Touristen natürlich ganz anders, er liebt den orientalischen Einfluß. Es ist sogar ganz besonders reizvoll, zwar noch in Europa zu sein, aber den fremden Akzent schon zu spüren. Das ist in Ioannina der Fall mit seiner Aslan Aga Moschee, dem herrlichen See mit seiner Klosterinsel u. v. a. Also ich spürte es auch gleich in der Hotelhalle. Diese Mischung von Vornehmheit und Lässigkeit, von Exaktheit und Schlendrian war sofort ansteckend! Ich mußte nochmals eine Stufe hinauf und stand vor ein paar Männern, die hinter ihrem langen Schreibtisch eifrig in Zimmerlisten studierten, bis sie mir tatsächlich ein viel billigeres Zimmer, als ihr üblicher Preis, herausdividiert hatten! So etwas, es kostete weniger als dort bei der Dunkelkammer. Außerdem gab es einen Aufzug. Das ist für mich, wenn ich todmüde irgendwo mit meinem Gepäck ankomme, das Nonplusultra. Schon deshalb kann ich

nicht gegen das Maschinenzeitalter sein. Vielleicht hängt es aber auch damit zusammen, daß ich fast im Aufzug geboren wäre, weil der Krankenhausaufzug plötzlich stehen blieb, als meine Mutter darin zur Entbindung fuhr! Schließlich als sie von dem Stuhl in der Ecke aufstand und nervös im Aufzug herumging, tat er wieder! Eigentlich war es mein Gewicht, das ihn gestoppt hatte. Na ja, damals. Fast siebzig Jahre her! Jetzt konnte ich unbehelligt in den ersten Stock hinauf fahren und ein sehr schönes holzgetäfeltes Zimmer in Empfang nehmen. Weil es so prima war, blieb ich einige Tage in Ioannina.

Ich erinnere mich aus dieser Zeit an folgende Leute: zuerst an einen Polizisten. In Ioannina ist die Touristenpolizei im Stadthaus zusammen mit der übrigen Polizei untergebracht. Eigentlich darf man in dieses Gebäude nicht einfach nur so hinein gehen, man muß an einer bewaffneten Wache vorbei und erklären, was man will. Es könnte einem Angst werden. Doch sonst ist die Touristenpolizei in Griechenland die beste Touristeninformation, mit allen Prospekten versehen, und sehr hilfreich. Ich war mehrmals dort, ohne mich zu erinnern, was ich eigentlich immer dort wollte. Jedenfalls gab es dort einen jungen blonden Polizisten Spiro. Er erzählte mir geradezu stundenlang von seiner kleinen Tochter Andromache. Er konnte gar nicht mehr aufhören, wenn er anfing. Als er einmal sogar Fotos heausholte, um sie mir zu zeigen, trat ein säuerlicher älterer Polizist dazwischen und fragte, was hier eigentlich vorgehe? Es war einer von denen, die anderen die Freude und Freundschaft nicht gönnen.

In der Nähe des Stadtpalastes befindet sich eine riesige Terrasse mit weitem Ausblick, mit Restaurants und Cafés, herrlich duftenden Pinienalleen und dem ganzen Gebrodel des sich hier konzentrierenden Verkehrs. Es ist das Zentrum von Ioannina. Ioannina ist die Hauptstadt von Epirus, hat aber trotzdem nur 35000 Einwohner. Solche Städte, fernab vom Zentrum eines Landes gelegen, haben ein ganz besonders typische Atmosphäre. Ihr eigener Charakter ist besser ausgeprägt, man fühlt sich wohl, man möchte verweilen! Auf der großen Terrasse saßen eines Abends in der Dämmerung zwei junge deutsche Touristen mit ihren Huckepacks. Es waren Karl und Anna. Letztere klein, irgendwie apart und sehr sympathisch, ihr Begleiter, groß, blond, offenes Gesicht, er hätte eigentlich Hans heißen können. Wir kamen ins Gespräch. Sie hatten viel vor in ihren Ferien. Natürlich fehlte es am Geld, doch konnten sie in einem kleinen Zelt am Strand, oder unten am See schlafen. Wenn nur in jenem Sommer nicht immer die Gewitter mit ihren Wolkenbrüchen gewesen wären! Wir tranken zusammen ein Glas Wein, ich glaube Karl hatte auf mein Geheiß irgendwo eine Flasche geholt. Wir plauderten noch ein Weilchen. Versteht man sich nur ein wenig, gibt es bei solchen Begegnungen rasch einen wichtigen Austausch. Ja, ich finde, man kann bei so vorübergehendem Kennenlernen oft gegenseitig Probleme besprechen, die man sonst niemand anvertrauen würde. So war es glaube ich auch dort. Wo mögen sie wohl sein? Denke ich an Ioannina, denke ich auch an sie und wünsche ihnen Glück.

Eines abends ging ich in die neuere, obere Stadt. Vor einer Kirche, die ein breites Vordach hatte, setzte ich mich auf einen der bereitgestellten Stühle. Bald setzten sich andere. Man berührte sich fast und so verstand ich auch, soweit mein Griechisch reichte, was die Leute miteinander redeten. Sie kamen offenbar zum bald beginnenden Gottesdienst. Ich merkte, daß neben mir ein Pfarrer Platz genommen hatte. Er hatte nicht die übliche Tracht an. Er war sehr einfach in Schwarz. Immer wieder kamen Leute und gaben ihm vertraulich die Hand. Andere setzten sich zu ihm und unterhielten sich mit ihm. Auch nach dem Gottesdienst stand er noch vor der Kirche bei den Leuten, als sei er ganz ihresgleichen. Es war echt griechisch. Das Demokratische dieses Landes, das die Demokratie erfunden hat, ist auch in der Kirche zu sehen.

Einmal fuhr ich auf den See hinaus. Es war ein wunderschöner Sonntag. Unter den breiten Platanenalleen am See entlang speisten die Griechen. Sie kamen in Autos und Pferdekutschen. Als ich an diesem Tag an einer Klinik vorbeiging in der Nähe vom See, las ich die Aufschrift Augenklinik. Es war zwar Sonntag, aber ich versuchte es doch einmal. Ich hatte seit etwa einer Woche merkwürdige Feuerfunken im Augenwinkel. Das Hospital machte einen ärmlichen Eindruck. Ich wurde aber sehr freundlich von ebenfalls sehr armen Patienten aufgenommen. Sie warteten auf den Arzt, sorgten aber, daß ich gleich vorgelassen wurde. Es war ein sehr einfacher, liebenswerter, noch jüngerer Mann. Seine Einrichtung war auch sehr einfach, ich kann mich an wenig Chromblitzendes erinnern. Er untersuchte mich rasch. Diagnose: Hier nicht einwandfrei festzustellen. Aber er riet mir, wenn die Feuerfunken wieder kommen, in Deutschland gleich zum Arzt zu gehn. Die schwarze Flocke vor meinen Augen, sei nicht so gefährlich. Dann sagte er, es koste nichts. Es koste dort für niemand etwas. Sein Gehalt ist etwa 1000 DM im Monat, aber ich glaube er hat noch etwas freie Station dabei, aber nicht ganz. Ich muß sagen, der junge Arzt war so nett, das Wetter und die ganze Welt so brillant, daß ich die Sache erst einmal unter Teppich kehrte.

Omnibus wollte ich nicht mehr fahren bis ganz zurück nach Thessaloniki. Die relativ harmlose Diagnose des Augenarztes beschwingte mich so, daß ich mir erlaubte, auch einmal einen Inlandflug zu machen. Eigentlich war es ja der zweite auf dieser Reise, denn ich war auch von Mykonos nach Santorin geflogen. So nahm ich eben Abschied vom schönen Ioannina, ja gewissermaßen von ganz Griechenland, denn in Thessaloniki wollte ich dann endgültig Schluß machen, und gleich den nächsten Zug nach Deutschland nehmen. Ja, und dort in Thessaloniki, genau an der Stelle, wo Athene so belebend meine Schulter berührt hatte, wartete bereits das Schicksal auf mich. Zunächst aber erst der Flug. Fast kam ich zu spät zum Flugplatz, soweit ein Zuspätkommen in Griechenland überhaupt möglich ist! Es gibt ja auch Leute, wo man zur Verabredung nie zu spät kommt! Ich komme eigentlich immer pünktlich, als Einzelgänger hält mich ja niemand mit Krimskrams auf, wie das in einer Familie ist. Daß aber jemand mit seinem Gepäck mit dem Bus an den Flugplatz will und nicht einfach ein Taxi nimmt, das ärgerte die Leute, die ich nach dem Bus fragte. Natürlich weiß heute auch nur noch jeder Zwanzigste über Stadtbusse Bescheid und dem begegnet man ja dann nicht gleich. Ein Taxi nehme ich aber in keinem Fall, das gehört zu meinen Sparprinzipien, ohne die ich meine Weltreisen nicht machen könnte. Also, nach einigem Kampf kam ich dann auch am Flugplatz an, es wäre gerade noch recht gewesen, wenn nämlich der Flugplan eingehalten worden wäre, aber so wie es dann war, mußte ich noch schrecklich lange warten! Es war einer der verbilligten Wochentage und der Wartesaal war voll von Menschen, Familien, Gepäck, Geplapper. Es war eigentlich sehr nett, da ich aber nicht lange stehen kann und für einen Sitzplatz nun doch zu spät gekommen war, durfte ich in das Glasbüro zu den Offizieren und in einen komfortablen Sessel sitzen. Es war herrliches Wetter, weiße, aufklarende Wolken zogen über den Himmel und alles war ganz, ganz hell unter der griechischen Sonne. Es mußte wunderbar werden, über den Pindus, der ja zweieinhalbtausend Meter hoch ist, zu fliegen, über die sich weithinziehenden Wälder und Täler. Ich kam neben einen jovialen, etwas dicken Geschäftsmann zu sitzen. Er war aufgeregt, daß er ein weiteres Flugzeug in Saloniki erreichen würde und wollte noch bis Kairo fliegen über Athen, hatte aber zuerst noch ein wichtiges Meeting in Saloniki. Dafür mußte er sich vorbereiten und lange Listen während des Fluges durchgehen. Es hinderte ihn aber nicht, sich freundlich mit mir zu unterhalten und auch an meiner Reise teilzunehmen. Er fand es ganz famos, wie ich mir da ganz allein die Welt eroberte. Auf dem Flughafen, der mir eigentlich viel zu rasch kam, löste sich schnell alles in Wohlgefallen auf. Ich nahm mir ein Zimmer in dem sehr preiswerten Hotel Rex am Bahnhof, da ich am anderen Morgen, den Frühzug nehmen mußte. Vorher noch eine Auslandsfahrkarte zu lösen, bedeutete ein fast stundenlanges Anstehen, denn nur zu bestimmten Zeiten wurde dieser Schalter geöffnet und dann standen Schlangen dort. Ich mußte sogar mehrmals kommen, da es eine Meinungsverschiedenheit gab. Zum Schluß hatte ich meinen Eurailschein und konnte nochmals zum Aristotelesplatz bummeln. Ja, ich konnte sogar noch ins Museum, wo gerade ein neuer sensationeller Fund eines Königsgrabes gemacht worden war, vielmehr ausgestellt wurde. Es war sehr apart-modern, in Glasvitrinen ausgestellt, die üblichen Beigaben in so einem Grab. Danach schlenderte ich hinab ans Meer und suchte eine billige Taverne. Gerade in Thessaloniki kann man viel billiger leben als in Athen. Auch die Waren auf dem Markt kosten weniger. Es liegt wohl am Hinterland. Als ich über den großen Platz gegangen war und an die Uferstraße kam, sah ich in einem Schaufenster ein großes Plakat: Der deutsche Roman des 20. Jahrhunderts. Sommerkurs an der Universität Münster in Westfalen. Ich begann, das Kleingedruckte zu studieren und dann schrieb ich gleich eine Postkarte und bewarb mich, obwohl aus dem Text nicht klar hervorging, ob ich dafür in Frage kam. Auch begann der Kurs schon in zehn Tagen, am ersten August. Ich gab meine Heimatadresse an und dachte, bis ich ankomme, werde ich die Antwort vorfinden. Inzwischen war es fürchterlich heiß und ich fand es genial, daß ich nur via Heimat fahren brauchte, um rasch und sicher ins Kühlere zu kommen. Deshalb konnte ich es gar nicht glauben, als ich im Zug erfuhr, in Deutschland solle es dreißig Grad Celsius haben! Doch wohl ein Scherz, oder mindestens nur ganz vorübergehend, bis ich dort wäre, würde es vorbei sein. Zuerst war aber einmal die Hitze, die griechische und die mitteleuropäische, die sich bald mischten, im Zug Tag und Nacht auszustehen. Es waren sehr nette Leute mit im Zug und es gäbe einen eigenen Bericht über diese Fahrt! Sie war ein Erlebnis. Als wir gegen Villach fuhren dachte ich, wie ich da einmal auf unserer Reise nach Sizilien mit meiner fast achtzigjährigen Mutter übernachtet hatte.

Da ich schon ganz erschöpft war von dem langen Fahren (ohne Liegewagen) beschloß ich, in Villach Halt zu machen. Es war sieben Uhr morgens als ich ausstieg, von den Zurückbleibenden im Zug höchlich beneidet, ich atmete in herrlicher Morgenkühle auf, ja es war sogar fast kalt. Ich zog meine Jacke an. In Villach war noch nichts los. Schließlich öffnete ein kleines Stehcafe. Ein wundervoller Genuß, dieser österreichische Kaffee! Er belebte mich sichtlich und ich fragte die Verkäuferin nach den Unterkünften. Sie wußte etwas angeblich besonders Gutes und auffallend Preiswertes. Und so war es dann auch. Eigentlich fabelhaft, wenn ich zurückdenke. Ich sah mir später die etwas außerhalb gelegene Jugendherberge an, sie war neu und sehr feudal, ein ganzes Orchester stieg dort ab, als ich es gerade besichtigte, aber es war fast so teuer wie in dem Hotelzimmer, das ich fand. Dieses lag ganz zentral und doch an einer stillen Ecke. Es war so ein riesiger, denkmalgeschützter alter Bau, so richtig behäbig mit vielen Kastanienbäumen davor und holzgetäfelten Restauranträumen, wo ich allerdings nie gegessen habe. Nun bekam ich ein derart nettes Zimmer, es war einfach unglaublich. Außer dem Bett stand eine echte holzgeschnitzte Eckbank mit Tisch und Stühlen darin und das ganze Zimmer war in diesem Bauernstil eingerichtet. Die Dachfenster gingen auf den Fluß hinab und ich konnte direkt die Brücke und das Festspielhaus sehen, und die begrünten Ufer. Dabei war das Wetter kühl, ja bedeckt. Ich vereinbarte, daß ich das Frühstück aufs Zimmer bekam und das war nun ein riesiges Frühstück mit Ei und Wurst und wieder herrlichem Kaffee. So erholte ich mich einige Tage von der irrsinnigen Fahrt. Es fand gerade der karinthische Sommer in Villach statt, ein berühmtes Musikfest. Im Festspielhaus waren täglich nachmittags Proben zu einer Kinderoper von Kindern gespielt. Es kostete keinen Eintritt und ich war öfter dort und konnte auch die Hauptprobe sehen. Es war allerliebst und interessant natürlich. In weitere Konzerte kam ich allerdings nicht. Dagegen lernte ich zufällig eine Dame am Bahnhof kennen, wo ich eines Abends war. Sie fiel durch ihre schönes Aussehen auf, sie hatte ein wundervolles Sommerkleid an, irrte merkwürdig umher und fragte mich etwas. Es stellte sich heraus, daß sie von einem Reisebüro kam und Leute vom Zug abholen mußte, die sie nicht kannte. Wir kamen ins Gespräch und sie lud mich ein, sie in ihrem Reisebüro, das außerhalb an einem See lag, zu besuchen. Ich war noch nicht sicher, ob ich Zeit hätte, fuhr aber dann mit dem Zug dorthin. Sie freute sich sehr, nahm sich ein paar Stunden frei und fuhr mit mir mit ihrem Wagen um den See und dann auf eine Anhöhe, wo wir Kaffee tranken. Sie erzählte mir ihren ganzen Lebenslauf, es gab ein paar Ähnlichkeiten bei uns, aber nur ganz am Anfang. Ich denke gerne an sie zurück und muß ihr noch einmal schreiben. Leider hatte ich dazu im letzten Jahr überhaupt keine Zeit, denn es ging ja immer so fort.

In Villach hörte ich, daß gerade die Salzburger Festspiele begannen. Warum es nicht mitnehmen? Gleich beim Bahnhof war eine provisorische Jugendherberge in einer Schule eingerichtet, sie war nicht so feudal und nicht teuer und man bekam den Schlüssel, wenn man abends ins Orchester gehen wollte. Ich konnte zwei schöne Klavierkonzerte besuchen in echt salzburgischer Umgebung in einem Schlößchen in einem Park. Ich wäre gerne über Mittag zum schlafen in die Jugendherberge gegangen, aber die Sommerhitze hatte wieder voll eingesetzt, es war viel zu heiß. Ich konnte nur unter einem schattigen Baum auf einer Bank an der Salzach sitzen und den Abend abwarten. Neben mir saß eine Rentnerin. Sie konnte nicht einmal in ihre Wohnung gehen, dort sei es auch so heiß, daß sie es nicht aushalte und so leisteten wir uns Gesellschaft.

Bei der Premiere des Rosenkavaliers, das war auch die Eröffnung der Festspiele, stand ich vor dem Festspielhaus. Plötzlich kam, unter vielen anderen, ein Herr mit einer Dame den Gehweg entlang. Mir kam er gleich so bekannt vor. Ich dachte, ist der denn von Hohengehren? Den kenn' ich doch, er ist auch so sympathisch. Er ging mit seiner Dame vorbei und sah mich voll an, weil wir uns auch fast streiften. Als er dann vorbei war, rief ich heimlich aus: Das war ja Udo Jürgens!

Es heißt ja immer, Karten gibt es natürlich für die Festspiele längst keine mehr, ja für einen gewöhnlichen Sterblichen gibt es überhaupt keine. Doch ist eben alles relativ. Für den Rosenkavalier hätte ich für zweihundert Mark noch eine bekommen, was ich natürlich schön bleiben ließ und dafür gemütlich ins Bett ging. Aber am nächsten Abend war ich durchaus noch nicht eingeschüchtert, sondern ging einmal am Schauspielhaus vorbei. Dort stand Don Juan von Molière, inszeniert von Ingmar Bergman, auf dem Programm. Ich kam schon vor Kassenöffnung und setzte mich noch ein Weilchen in eine Gartenwirtschaft daneben.

Pünktlich um sieben Uhr stand ich an dem aufregenden Schalter. Daß außer mir kein Mensch sonst dort stand, war am. Alleraufregendsten, denn es war ein deutliches Zeichen, daß es eben keine Karten gab. Eine schönfrisierte Frau nahm meine Anfrage entgegen und sagte freundlich: „Ja, es gibt noch Karten, wieviele wollen Sie?" Ich mußte mich erst einmal erholen von soviel Glück, nahm aber an, es sei für mich zu teuer. Das war's dann aber nicht. Ich nahm nicht einmal die billigste Karte, sondern eine im ersten Rang, Seitenloge für etwa 24,- DM. Ich war überzeugt, daß es ein schlechter Platz ist. Den Weg dorthin war äußerst vornehm über weiche Teppiche, durch samtene Vorhänge in eine schikke Loge, ebenfalls alles roter Samt. Es war noch niemand drin. Vorne an der Brüstung standen vier bis fünf Sessel und dahinter vier Stühle, vielleicht dahinter noch zwei, das weiß ich nicht mehr. Natürlich hatte ich eine Nummer hinten und von dort aus war's wirklich problematisch alles auf der Bühne zu sehn. Ich würde aufstehen müssen, wenn möglich. Ich setzte mich erst einmal vorne hin. Als ein Ehepaar kam, ging ich auf meine Nummer. Bald kam ein Herr und setzte sich neben mich. Als dann der Saal erdunkelte, sagte die Dame vorn: Wenn Sie wollen, können Sie vorkommen. Der Herr Minister kommt nicht. Hurra, ich setzte mich vor auf den Platz des Ministers für 25,- und dazu bei einer Premiere der Festspiele. Zunächst wurde bekannt gegeben, daß der Regisseur Ingmar Bergman wegen der großen Hitze erkrankt sei und nicht kommen könne – das war natürlich schade, besonders da seine Inszenierung ausgezeichnet war. Wirklich ganz große Klasse. Wie der leichtfertige Don Juan seinen scharlachroten Mantel um die einstmals Geliebte schlang, war ein wundervolles Bild, das ich nie vergessen werde. Es lag Größe darin. Die Karten hatte es deshalb noch gegeben, weil eine amerikanische Gruppe gemeint hatte, es sei die Oper Don Juan von Mozart und nun enttäuscht die Karten zurückgab. Sie wurden nicht einmal alle verkauft, da ja kein Mensch dachte, daß es noch welche gäbe. So hatte ich eben Glück.

Im ganzen war ich sehr allein in der schönen sommerlichen Festspielstadt an der Salzach, aber am folgenden Tag lernte ich eine angehende Pianistin aus Stuttgart kennen. Wir tranken zusammen einen Kaffee im Freien, mitten in der Stadt auf einem der großartigen Plätze. Um uns flutete die internationale Welt – natürlich in der Fußgängerzone – ringsum die stilvollen alten Gebäude, die Wärme – das Gespräch mit der Musikerin – sie war eine richtige gemütliche Schwäbin und machte mir Lust heimzufahren und das machte ich dann auch!

Zuhause hatte ich Nachricht, daß ich an dem Universitätskurs in Münster in Westfalen teilnehmen kann! Zufällig war noch etwas frei. Ich hatte kaum drei Tage Zeit, um zu packen und wußte natürlich nicht daß es der Auftakt zu einer winterlangen Reise in den Norden war! Der Kurs an der Universität war für mich gleicherweise hochinteressant als enttäuschend.

Ich wohnte vier Wochen in einer Studentenbude. In dieser Zeit ließ ich mein linkes Auge mit 200 Laserstrahlen operieren und zwar ambulant. Es war ein schwerer Entschluß dort allein in der Fremde. Aber ich wollte es hinter mich bringen, damit ich meine Reise fortsetzen konnte Griechenland sank eigentlich ganz in mein Unterbewußtsein und ich war jetzt erstaunt, was da beim Schreiben alles wieder emporkam! Verbrachte ich doch den ganzen Winter in der Arktis, der Polarnacht am Nordkap bei Olaf Åsteson!

Eine Nacht auf dem Ätna

Der Aufstieg
Ich habe mich nie für feuerspeiende Berge interessiert. Ich liebe das Meer, den Wald und Sommerwiesen; aber „il monte" hat mich langsam an sich gesaugt. Ganze Nachmittage lag ich in Oniga auf der Terrasse, Auge in Auge mit ihm. Manchmal versuchte ich seinem Anblick zu entfliehen. Ich erhob mich und schlenderte hinab ans Meer. Dabei war ich schon auf dem Weg zu ihm, nur ich wußte es nicht. Gedankenlos liebte ich die schwarze erstarrte Lava unter meinen Füßen - sein einst so heißes Blut! In Catania jagte der Schirokko schwarzen Staub durch die Straßen. Myriaden winziger Kristalle hüllten mich ein. Sie fielen in mein Haar, auf meine Hände, in mein Gesicht. Ich hatte eine zweite Haut. Ein feines Gewand aus der Asche des Ätna. Langsam wurde ich sein Geschöpf. Eines Morgens hielt ich es nicht mehr aus. Ich folgte dem Ruf. Gleichgültig und zögernd verließ ich das Meer. Am Nachmittag war ich allein. Die letzten Blumen blieben zurück. Ohne Fels und Stein versanken meine Knöchel in rötlicher Asche. Es folgte jene Stunde der Qual, wo die Kreatur uns entläßt und der Geist noch schweigt. Ich setzte mich auf einem Riff verkrusteter Asche nieder. Wie ein Scheidender betrachtete ich die Welt unter mir. Das Gold des Ginsters zwischen der blauen Lava, die duftende Macchia, die Orangenhaine, die Städte voll heißblütiger Menschen. Der Silberstrich der Brandung zeichnete die Küste von Taormina bis Syrakus. Weit draußen verlor sich das Meer im Dunst. Meine Augen faßten es nicht. Müde sanken sie zurück auf den Berg. Plötzlich erfüllte sich die tote Asche mit Leben. Tausende und abertausende kleiner Marienkäfer saßen darin. Auf mich wirkte es wie ein Wunder. Langsam, langsam, langsam stieg ich auf. Schon kamen die ersten Touristen zurück. „Eine scharfe Tour, aber eigentlich nichts Besonderes. Wir kommen von Sardinien. Morgen geht's nach Taormina". Mich hielten sie für eine Närrin, es traf mich nicht. Um mein Inneres war ein Panzer gewachsen. Ich folgte dem Ruf des Ätna.
    Die Luft war dünn. Unter mir wuchsen Meere hervor. Sie umschlangen Kalabrien. Dahinter dämmerte neues Gewässer. Dahinter der griechische Himmel. Zum Greifen nahe, Odysseus, Galatea, Polyphem geisterten über den Berg. Lächelnd wies Hadrian nach dem Osten. Götter und Tempel stiegen verjüngt empor. „Es ist hier noch alles wie vor dreitausend Jahren" sagte Empedokles. Auf seiner Stirne trug er ein

Feuermal. Gegen drei Uhr erreichte ich das Observatorium. Es war verschlossen. Die Holzpritsche im Touristenraum lag vergraben im meterhohen Schnee. Auf der Terrasse fand ich zwei Bretter. Sie gaben ein Lager zu einer Siesta. Ich schlief gleich ein und fühlte im Traum den Wind über mir. Ich ließ mich tief in mich selber fallen. Die Natur ringsum zehrte an meiner Kraft, sie riß Gedankengebäude ein und saugte meine Wunschträume an sich. Ein Teil meiner Hoffnungen zerrann im Äther. Gegen fünf Uhr erwachte ich. Weite Schneefelder dehnten sich vor mir aus. Über mir hing der verkrustete Rand des Kraters. Ich aß ein paar Mispeln und etwas Brot. Langsam erfüllte sich mein Geist mit dem ungeheuren Bilde vor mir. Der lichte Abendhimmel hielt seine Brust dem Berg entgegen. Dieser blickte mit heißen Augen aus der Tiefe empor, wie zu einer Geliebten, die er seit Ewigkeit kennt. „Wenn die Nacht kommt", dachte ich, „schenkt sie dem blinden Krater das Licht ihrer Sterne." Da mußte auch ich ihn lieben, wie das Meer. Er begann in seiner stummen Sprache mit mir zu reden. Mit erfrischenden Winden weitete er mein Herz. Er hob mich auf zu seiner splendid isolation. Jetzt wußte ich, warum ich gekommen war. Ich fand Zeit und Stille. In riesiger Ausdehnung lagen sie um mich her. Ich saugte sie gierig ein, wie ein Verdurstender. Nichts mahnte zum Aufbruch. Die sinkende Sonne durchwärmte mich. Sekunden wurden zu Ewigkeiten, in denen die Seele wuchs. In jeder dieser Sekunden konnte der Berg sein Feuer auswerfen und mein Leben verlöschen. Aber an jenem Abend hatte er eine andere Sprache. Ich verstand, daß er seit Jahrmillionen auf die Liebe des Menschen wartet, ein Jahrtausend um das andere. Es ergriff mich. Ich beschloß, die Nacht auf dem Ätna zu bleiben. Der Mond stand schon am Himmel. Es würde kaum wirklich dunkel werden.

Die Nacht in der Fumarola

Ich sehe mich um. Es ist schwer etwas zu suchen inmitten einer Welt, in der nichts ist als Asche und Schnee. Schließlich entdecke ich einen halbverfallenen Turm. Erst später erfahre ich, daß es die Fumarola ist. Ich gebe der weichen Lockung meiner Müdigkeit noch nicht nach. Ich gehe noch einmal hinaus und wandere einige Stunden über die Schneefelder dahin. Sie sind übersät von Steinen, rund wie Bälle, in allen Größen. Emporgeschleudert aus der Tiefe rollten sie den Berg hinab. Auf der sanften Neigung blieben sie mitten im eiligen Laufe stehen. Nur die Sonne bewegt noch ihre Schatten hin und her, sonst sind sie geronnene

Zeit. Oh, wie ich alles liebe. Die im Rollen erstorbenen Steinbälle, die hundert kleinen Krater unter mir. Sie sehen aus wie Gugelhupfe. Die verkrustete Schneedecke, die einsame Erdspalte neben dem Turm, die über Sizilien hinabsinkende Sonne. Über Sizilien! Dort hinter einem Meer von Bergen, vielleicht bei Enna, oder noch weiter bei Palermo sinkt sie hinab in das bewegte, seidenwogende Meer. Ich wende mich nach Osten, der Fumarola zu. Unentwegt sendet sie kleine Dampfwolken aus der Erde. Es ist weit dorthin. Vielleicht eine Stunde. Kalter Wind bläst mir entgegen. Durchfroren komme ich an.

Es muß auf Mitternacht gehen. Ohne Zweifel, es ist eine beschwerliche Nacht. Ich bin fortwährend mit meinem Körper beschäftigt, wie ein Schwerkranker oder ein Liebender. Wie bei den beiden wendet sich auch meine Seele Gott zu. Die ist um so leichter, als ich in dem stundenlangen Dampfbad ständig an Schwere verliere. Immer wieder erinnere ich mich, wie ich eingetreten bin.

Ich fror. Dampf beschlug meine Kleider. Ich nahm den Bikini, alles andere stopfte ich in den wasserdichten Sack. Ich tastete mich vorwärts, seitwärts empor, bis ich eine windgeschützte und trockene Stelle fand. Schon erwärmte mich der Dampf ein wenig. Ich setzte mich mit dem Rücken gegen die felsige Wand. Überall, wo ich die Erde mit meinem Rücken berührte, war sie angenehm warm. So heimelig kann sonst nur der Ofen im Norden sein.

Ich versuchte mich niederzulegen, zu schlafen, aber die Felsenbank, auf der ich saß, war unterbrochen. Ich legte ein Bein jenseits des Abgrunds nieder. Mit dem anderen stemme ich mich gegen den überhängenden Felsen, um einen Halt zu haben. So gegen den Boden gepreßt, staute sich bald die Wärme unter mir. Ich setzte mich auf, tastete mit der Hand am Boden entlang. Es war wirklich so: die Erde heizte sich selbst. Am Felsen strömte warme Luft empor. Konnte es nicht jeden Moment anfangen zu spucken? Vielleicht nur eine ganz kleine Zuckung unter mir und Lava, oder auch nur heiße Dämpfe würden emporsteigen. Aber es geschah nichts. Die Erde blieb gleichmäßig warm. Der Wind wehte fortgesetzt weiße warme Dampfwolken durch die Tür herein. Sie stiegen aus einer Felsenspalte vor dem Turm empor. Im Innern breiteten sie sich brodelnd aus und zogen durch ein winziges Loch nach oben ab. Allmählich durchdrangen meine Augen Dampf und Dunkelheit. Ich erkannte die Umrisse der halb natürlichen, halb künstlichen Grotte. An einigen Stellen tropfte Wasser von der Decke, an andern zog der Wind scharf herein, an wieder andern war der Boden sehr heiß oder spitze Steine machten ihn unbrauchbar für mich. Es gab im Grunde nur den einen kleinen Platz für mich, auf dem ich saß und die Nacht verbrachte. Bald kannte ich jeden Stein, jede Bodenkrume, wie sie sich meinem Körper einprägten, ihn quälten und dann wieder, ein wenig gewendet, wohltaten und sanft umschmiegten. Ich dämmerte ein, wachte wieder auf. Manchmal ganz von neuem die brodelnde Welt um mich feststellend. Ab und zu stand ich auf, ging durch den schneidenden Wind zum Ausgang und blickte die Sterne an.

Der große Wagen hing über der Silhouette des „Berges" dem Meer entgegen. Kaum hatte ich den Himmel mit einem Blick erhascht, fuhr eine Dampfwolke neben mir aus dem Boden und hüllte mich ein. Nach Sekunden standen wieder die Sterne über mir. Zurückgekehrt empfand ich die mütterliche Wärme doppelt gut. Mein Innerstes verquickte sich mit diesen segensspendenden Kräften. So nahe dem vernichtenden Element der Lava fühlte ich nur Geborgenheit und Wärme. Mit lebendigen Händen klopfte es ringsum unter mir und neben mir vom Erdinnern her an die Felsenwand. Sieben Stunden verbrachte ich am pulsierenden Magma der Welt. Um vier Uhr stieg ich auf. Bis zur Wade in Asche, füllten sich meine Halbschuhe mit Schlacken. Ich konnte nicht mehr weitergehen, die Luft wurde dünn. Es gab keinen Pfad, die Asche saugte jede Spur in sich.

Mein Herz beginnt heftig zu schlagen. Im Osten steigt die Sonne aus dunstigen Schleiern empor. Obwohl klar, ist der Morgen doch matt. Da beschließe ich, mich zu bescheiden und kehre um.

Der Abstieg

Es geht rasch abwärts. Dumpfe Morgenmüdigkeit umfängt mich. Die Sonne beleuchtet die blauen Gestade, aus denen sie emporgestiegen ist. Klassisch und rein ist der Himmel. Es ist ein Morgen wie vor dreitausend Jahren. Ich aber eile davon. Dem heißen verlorenen Leben Siziliens entgegen. Dem in der Wonne und im Rausch ertrinkenden Augenblick, der süßten Daseinslust. Nach zehn Minuten erblicke ich den Dampf der Fumarola.

Ich laufe noch einmal den langen, langen Aschenweg entlang. Mein Herz schlägt heiß, als gelte es Abschied von Freunden zu nehmen. Ich hangle mich um den Turm herum, das steile Weglein hinab. Ja, es mischen sich Wärme und Dampf wie in der Nacht. Die grauen Wände blicken mich verlassen an. Wo sind die lebendigen Geister, die an meiner Seele geformt haben? Rasch gehe ich fort. Nach jedem Schritt sehe ich zurück und grüße die immer kleiner werdende Fahne, die da ständig aus der Erde weht. Am Observatorium verschluckt sie der Berg.

Ich gerate tiefer und tiefer. Über dem Meer liegt noch nebliger Rauch. Die übrige Welt ist ohne Morgenfrische. Sie liegt da, wie das Innere einer Muschel. Glänzend, trocken und spröde. Ohne Übergang nimmt die Sonne von ihr Besitz. Mit ihren ersten Strahlen malt sie rostrote Flecken in die Asche der kleinen Krater. Tiefblau läßt sie die erstarrten Lavaströme aufleuchten, geht über den Ginster hinab und begrüßt das Land. Wie eine flache Schale voll Früchten schwimmt es vor mir im Meer. Die ersten Blumen und Moospolster kommen. Ich setze mich nieder und streichle sie. Wie ein Urweltgeheimnis sinkt der Berg über mir zurück. Ich träume von der Nacht. Schon fallen die ausgestandenen Strapazen in nichts zusammen. „Es lag so etwas Sanftes über dieser Nacht", denke ich und wundere mich über diese Lüge. „Ja, doch, sehr sanft." Ich fühle es ganz deutlich. Mein Körper ist leicht geworden wie eine Sommerwolke. Fast schwebend schreite ich hinab. Das lange Dampfbad hat mich verjüngt.

Gegen sieben Uhr erreiche ich die Terrasse eines Höhenrestaurants. Schon rennen die Ober in südländischer Geschäftigkeit hin und Her. Ich erblicke ein buntes Liegebett. Mein fragender Blick wird mit einer großartigen Geste der Einladung bejaht. Mit einem Seufzer des Wohlbehagens sinke ich nieder. Die riesigen dunklen Augen heucheln schmeichelndes Verständnis. Ich könnte etwas von meiner Nacht in der Fumarola erzählen, aber niemand erwartet eine Erklärung von mir. Noch fährt kein Auto, noch lange kein Autobus. Woher ich auch kommen mag, ich bin der erste Gast des Tages. O diese Lust meinen übernächtigten Körper auszudehnen. Die Sonne brennt auf das Blumenbett. Der Blick geht weit hinaus aufs Meer. Dort im Süden Syracusa, die berühmte, mir noch unbekannte. In seliger Muße umfange ich sie. Ich verschränke meine Arme unter dem Kopf, schließe meine Augen, daß nur ein wenig Licht durch die Wimpern sickert. Diskret mit einer leichten Verbeugung erwarten die dunklen Augen meinen Auftrag. „Espresso, Cigarette, Cartolino", sage ich. „Espresso", erklingt es sofort wie ein Lied in dem Hintergrund der Bar. „Due", rufe ich ihm nach. „Si Signora, subito."

Rose Reusch auf Delos (etwa 1969).
Eine als Postkarte verschickte Fotographie.

Verlag Ch. Möllmann

Heinz Lange: Der Kreis der Sternbilder
Gedichte über den Sternhimmel und den Tierkreis
Die Gedichte behandeln die Sternbilder des nördlichen und des südlichen Himmels sowie den Tierkreis. In der strengen Form des Hexameters lassen sie nicht nur die Bilder lebendig werden, die sie beschreiben, sondern auch die griechische Götter- und Heldenwelt, aus der die Namen der Sternbilder gekommen sind. Aus diesem Urgrund der griechischen Mythologie werden die Sternbilder in ihrer Bedeutung für den Menschen deutlich. Verweise auf Mythen aus Indien, Persien, Ägypten und auch Finnland zeigen, daß die Sternbilder, als Bild genommen, auch für die moderne Menschheit eine Bedeutung haben können. Für den Liebhaber rhythmischer Dichtungen sind diese Verse ein zusätzlicher Genuß.

Michael Brose: Kassandra. Roman
Kassandra ist eine Geschichte vom Sehen einer Blinden – und von der Blindheit der Sehenden. Und eine Liebesgeschichte.
Ägypten, Kreta, Delphi, Troja – und schließlich der Trojanische Krieg sind die spannend erzählten Stationen des Buches. Auf ihnen entwickelt sich das Lebensdrama eines kleinen, blindgeborenen Mädchens, das schließlich zur Seherin Kassandra heranreift.
Als Liedermacher und Poet überstand Michael Brose die „wunderbaren Jahre" in der DDR bis kurz vor der Wende. Daß er in Weimar leben konnte, betrachtet er als Glücksfall. War es doch der dort waltende poetische Geist, dem er für seine Entwicklung viel verdankt. Vieles, was ihn bedrückte und bewegte, mußte er in Liedern und Lyrik „verschlüsseln". Das Problem der Blindheit aus Dummheit – und dem entgegen das leidvolle Sehen-Müssen, die Augen nicht verschließen können, war ihm zum Leitmotiv in der DDR geworden, wobei es auch heute noch seine Gültigkeit hat.

Paul Bellebaum: Denken über Kunst
Platon – Goethe – Tolstoi – Rudolf Steiner – George Steiner
Fünf Essays
Das philosophische Gespräch über Kunst hat eine lange und große Tradition. An ihm beteiligen sich Künstler, Philosophen und Wissenschaftler von hohem Rang. Da es um Fragen kreist, auf die allgemein überzeugende Antworten, wenn überhaupt, nur schwer auszumachen sind, wird in ihm nicht nur sachlich argumentiert, sondern auch leidenschaftlich gestritten. Solange die Ahnung von einem hohen Sinn in der Welt lebendig bleibt, wird auch das philosophische Gespräch über Kunst weitergehen. Ich verdanke allen zur Sprache gebrachten Denkern viel, wenn auch dem einen mehr als dem anderen.